Michael Nast beobachtet die Menschen und das Leben um sich herum. Er schreibt über die «Mittdreißiger, die eigentlich keine Männer sind. Über die, die älter werden – und doch nicht erwachsen.» In seinen Geschichten von Berliner Nächten und komischen Männerfreundschaften, Ostlertum und Ikea-Flausch, von Frauen und der Frage «Neuer Freund oder Hund?» kommt so mancher schlecht weg – und so mancher findet sich darin wieder.

Michael Nast, 1975 in Ost-Berlin geboren, begann nach der Schule eine Buchhändlerlehre, die er jedoch nach einem halben Jahr abbrach, da er müde war, die vielen Neuerscheinungen zu lesen. Danach gründete er zwei Plattenlabels und arbeitete für verschiedene Werbeagenturen. Heute ist er Art-Director seiner eigenen Werbeagentur berlinerverhältnisse und veröffentlicht eine Kolumne auf MySpace. Mehr über den Autor unter: www.myspace.com/michaelnast; www.facebook.com/michaelnast und www.twitter.com/michaelnast.

MICHAEL NAST

Der bessere Berliner

Großstadtgeschichten

ROWOHLT TASCHENBUCH VERLAG

Originalausgabe
Veröffentlicht im Rowohlt Taschenbuch Verlag,
Reinbek bei Hamburg, November 2009
Copyright © 2009 by Rowohlt Verlag GmbH,
Reinbek bei Hamburg
Umschlaggestaltung ZERO Werbeagentur, München,
nach einem Entwurf von berlinerverhältnisse/
agentur für kommunikation gmbh
(Foto-/Illustrationsnachweis: Hans Brexendorff;
plainpicture/STOCK4B)
Satz aus der DTL Documenta, PostScript, InDesign,
bei Pinkuin Satz und Datentechnik, Berlin
Druck und Bindung Druckerei C. H. Beck, Nördlingen
Printed in Germany
ISBN 978 3 499 62450 6

Da fragte ich mich: Was für eine Kälte
Muß über die Leute gekommen sein!
Wer schlägt da so auf sie ein
Daß sie jetzt so durch und durch erkaltet?
So helfet ihnen doch! Und tut es in Bälde!
Sonst passiert euch etwas, was ihr nicht für möglich haltet!

Bertolt Brecht, Oh Fallada, die du hangest!

Inhalt

HÖFLICH, GUT ERZOGEN UND DURCH- AUS VERLETZLICH

Ein Vorwort

Ich werde oft gebeten, meine Texte zu erklären. Das fällt mir zugegebenermaßen nicht unbedingt leicht. Wenn ich es doch mal versuche, wirke ich vermutlich wie jemand mit nicht unerheblichen Wortfindungsstörungen. Wie ein Mensch, den man an die Hand nehmen möchte, aus Mitleid. Werde ich gebeten, meine Texte zu erklären, muss ich oft an Marcel Reich-Ranicki denken, der in seiner Autobiographie *Mein Leben* geschrieben hat, dass es, jetzt mal sehr zurückhaltend formuliert, in den meisten Fällen vorteilhaft wäre, wenn sich Autoren zu ihren Texten lieber nicht äußern würden. Und wenn ich daran denke, wie hilflos ich auf Fragen wie «Was wollen Sie mit Ihren Texten eigentlich sagen?» reagiere, erscheinen mir Reich-Ranickis Erfahrungswerte überaus schlüssig.

Ich habe mir natürlich häufig die Frage gestellt, warum mir das solche Probleme bereitet. Vielleicht liegt es daran, dass ich als Autor einfach zu nah an meinen Texten bin. Vielleicht fehlt mir der nötige Abstand, um mich objektiv zu ihnen zu äußern. Es klingt eigentlich immer besser, wenn sich andere zu meinen Texten äußern, irgendwie gehaltvoller. Vor allem, wenn diejenigen im Verlagswesen tätig sind. Solche Ausführungen schmeicheln natürlich meiner Eitelkeit. Das ist nicht unangenehm. Oft habe ich jedoch das Gefühl, sie reden gar nicht über mich oder meine Texte.

Das liegt sicherlich auch daran, dass man anders liest als schreibt. Als Leser interpretiert man. Als Leser kann man eine Botschaft formulieren.

Also habe ich mich, als meine Lektorin vor einigen Monaten freundlich andeutete, dass ich doch daran denken sollte, mein Vorwort zu schreiben, nach dem Abgabetermin erkundigt und das Schreiben dieses Textes erst mal verschoben. Dann habe ich überlegt, den Journalisten Alexander Osang zu fragen, ob er mir ein Vorwort schreibt, verwarf den Gedanken jedoch wieder, bevor ich Alexander überhaupt gefragt hatte. Irgendwie wollte ich es dann doch lieber selbst machen. Der Abgabetermin rückte näher. Die freundlichen Andeutungen meiner Lektorin wurden immer häufiger. Die Erinnerung an das Vorwort wurde gewissermaßen zu einem festen Bestandteil unserer Verabschiedungen. Es würde wohl wieder ein Text werden, den ich auf den letzten Drücker schrieb. Ich schaffte es dann doch nicht ganz, denn am Montag vergangener Woche hätte ich ihn abgeben müssen. Der Druck hatte sich mal wieder erhöht.

Und ehrlich gesagt war er generell schon ziemlich hoch, vor allem weil ein Vorwort ja den Anspruch hat, den großen Zusammenhang zu fassen. Es beschreibt die Brücke, die die Texte dieses Buches verbindet. Den übergreifenden Gedanken, der meine Texte zusammenhält. Das ist schon eine nicht unwesentliche Herausforderung. Dazu kam noch, dass mir kürzlich eine Schriftstellerin erzählte, ihrer Auffassung nach hätten es ihre Bücher vor allem wegen des Vorworts in die *Spiegel*-Bestsellerlisten geschafft. Als sie ihre Ausführungen beendet hatte, nickte ich ihr zustimmend zu und dachte: Ach du Scheiße!

Dann sagte sie: «Und am besten beginnst du mit einem möglichst polarisierenden Satz. Ja, der erste Satz. Der erste Satz *muss* provozieren!»

Aha. Möglichst provokant also. Auch wenn ich es ungern zugab, ergab das irgendwie einen Sinn. Ein polarisierender erster Satz lädt schließlich zum Weiterlesen ein. Ich dachte kurz darüber nach. *Minderjährige nymphomanische Top-Models*, fiel mir da ein, obwohl das ja eigentlich kein Satz ist. Das klang schon mal ziemlich provozierend. Oder *Frauen sind Nutten*. Oder irgendetwas mit Adolf Hitler? Oder der CDU? Aber wie bekam man dann möglichst elegant die Überleitung zum eigentlichen Thema? Und generell stellte sich natürlich die Frage: Inwieweit war das nah an meinen Texten? Ich überlegte. *Spiegel*-Bestsellerliste klang ja nicht schlecht. Aber irgendwie sträube ich mich, meine Texte unter marketingtheoretischen Gesichtspunkten zu verfassen.

Unter die Überschrift dieses Textes habe ich ganz bewusst *Ein Vorwort* geschrieben. *Ein Vorwort* klingt nicht so endgültig. Eher wie *Eine Möglichkeit*. Oder – noch besser – *Ein Versuch*. Und mit diesem Gefühl begann ich auch, es zu schreiben. Denn man kann nur versuchen, den großen Zusammenhang zu fassen. Man kann ihn nur skizzieren. Und vielleicht beschreibt das meine Texte am besten. Sie sind Details. Kleine gesellschaftliche Skizzen, durch die sich nicht nur ein roter Faden zieht, sondern viele. Wie Bruchstücke eines allgemeingültigen

Puzzles, das sich wohl am treffendsten mit dem schönen Begriff *Comédie humaine* beschreiben lässt. Bruchstücke, die sich immer mal wieder und oft auch an sehr überraschenden Stellen zusammenfügen und irgendwie ein folgerichtiges Ganzes ergeben, oder es zumindest erahnen lassen. Momente, in denen man das Gefühl hat, dass sich die Dinge zusammenfügen. Ich stelle oft fest, dass ich auf der Suche nach solchen Momenten bin. Nach Augenblicken, in denen alles zu passen scheint. Vielleicht hat man nur in solchen Momenten das Gefühl zu leben. Aber vielleicht ist es gar nicht so. Vielleicht würde ich es nur gern so sehen, weil mir diese Gedanken nicht fremd sind. Der große Zusammenhang. Ich werde ihn möglicherweise nie verstehen. Wäre ich Gott, sähe das anders aus. Aber Gott bin ich ja nun mal nicht.

Mir wird oft gesagt, dass meine Texte amüsant wären. Auf meinen Lesungen wird viel gelacht. Ich finde eher, dass in ihnen die Tragik überwiegt. In diesem Buch werden Sie keine Geschichten finden, die ein Happy End haben. Es sind traurige Texte.

Nicht wenige meiner Leser haben mir geschrieben, dass sie sich in meinen Texten wiederfinden. Das würde manchmal so weit gehen, dass sie sich bei der Lektüre geradezu ertappt fühlten. Da liegt für manche der Schluss nah, dass sie sich mit dem Autor ausgezeichnet verstehen würden. Das ist ein Missverständnis.

Seit einiger Zeit schreibt mir ein Mann aus Hamburg beunruhigend lange E-Mails, der sich – sagen wir mal – auf seine Art in meinen Texten wiederfindet. In seinen umfangreichen E-Mails stellt er in immer wieder neuen abenteuerlichen Variationen die Theorie auf, ich würde zu Recherchezwecken seinen Bekanntenkreis infiltrieren, um ausschließlich sein Leben zu beschreiben. Das ist dann schon irgendwie beängstigend. Ich habe nie darauf reagiert. Trotzdem schreibt er immer wieder. Und seine E-Mails werden immer länger. Er hat mir auch schon einige Male vorgeschlagen, dass wir uns doch mal zu einem klärenden Gespräch treffen sollten. Auch weil wir uns ja sicherlich wunderbar verstehen würden. Allerdings beunruhigt mich der Gedanke, dass für jemanden mit seinen psychischen Anlagen der Schluss so nah liegt, wir würden uns ausgezeichnet verstehen.

Er macht den Fehler, den nicht wenige machen. Er trennt mich nicht von der Figur, aus deren Sicht diese Texte geschrieben sind. Er verwechselt mich mit ihr. Das ist ein Missverständnis, das ganz natürlich ist. Das große Missverständnis zwischen Autor und Leser.

Ich selbst würde meine Figur am ehesten als höflich, gut erzogen und durchaus verletzlich beschreiben. Und sicherlich mache ich damit ebenfalls den Fehler, meine Figur mit mir zu verwechseln. Sie so zu beschreiben, wie ich mich vielleicht selbst gern sehen würde. Aber ich kann das wohl am schlechtesten einschätzen. Die eigene Außenwirkung schätzt man ja in den seltensten Fällen angemessen ein.

Natürlich gibt es auch Leser, die meine Figur für einen arroganten, neurotischen Misanthropen halten. Einen untragbaren Schnösel, der seine Texte erfolgreich nutzt, um sein Sozialleben zu dekonstruieren. Nicht unbedingt ein Sympathieträger. Eine Person, die beobachtet, belächelt, weder sich noch andere verändert, nichts bewegt, nichts bewirkt und gerade dadurch tragisches Format gewinnt. Diese Leser halten mich für einen ziemlichen Arsch.

Das große Missverständnis zwischen Autor und Leser. William Somerset Maugham hat das in seinem Buch *Die halbe Wahrheit* ziemlich gut formuliert: Der Autor findet seine Erfüllung im Schaffensprozess. Er hat keine Botschaft. Generell ist es ja so, dass Kunst sich selbst genügt. Die Botschaft ist für den Künstler nur ein Nebenprodukt. Geht es dem Künstler darum, zu belehren, ist die Kunst ein Nebenprodukt. Der Leser wiederum sucht nach einer Botschaft, was ganz natürlich ist. Und er beurteilt den Text nach dem ästhetischen Wert, den diese Botschaft für ihn selbst darstellt. Er interpretiert den Text in das Leben, in dem er sich selbst bewegt. Nach den Schlüssen, zu denen er durch die Erfahrungen, die er im Leben machte, gekommen ist. Und nach dem Wert dieser Botschaft beurteilt er den Autor. Das hat allerdings nichts mit dem Autor zu tun.

Der Schriftsteller Fjodor Dostojewski ist da ein sehr gutes Beispiel. Ich habe seinen Roman *Schuld und Sühne* sechsmal gelesen. Wenn man mich nach meinem Lieblingsbuch fragen würde, würde ich wohl am ehesten diesen Roman nennen. Ich habe mich in *Schuld und Sühne* wiedergefunden. Das Buch hat mich berührt. Obwohl Dostojewski ein ziemlicher Arsch gewesen sein muss. Der Mann hat bei gesellschaftlichen Anlässen häufig erzählt, dass er in einer öffentlichen Badeanstalt ein zwölfjähriges Mädchen vergewaltigt hat. Das muss man sich mal vorstellen! Nur um irgendwie Aufmerksamkeit zu erregen. Ohne Rücksicht auf Verluste. Peinlich. Außerordentlich peinlich. Und auch überaus unangenehm. Solche Menschen wünscht man sich nicht unbedingt in seinem Bekanntenkreis. Aber er hat einen Roman geschrieben, der mich berührt, wenn nicht sogar geprägt hat. Vor allem – man wagt kaum, es hier aufzuschreiben – in ethischer Hinsicht.

Als ich siebzehn Jahre alt und gerade ziemlich unglücklich verliebt war, gab es einen Song einer Band namens Ignite, der gewissermaßen der Soundtrack zu meiner unglücklichen Liebe war. Schmerz ist irgendwie würdevoller, wenn es einen Song darüber gibt, sagt John Cusack in dem Film *High Fidelity*. Und ich kann ihm nur zustimmen. Der Song, der meinem damaligen Schmerz Würde verlieh, hieß «Turn». Als ich mich einige Jahre darauf mit dem Sänger der Band unterhielt und ihn im Laufe unserer Unterhaltung auf diesen Song ansprach, stellten wir schnell fest, dass sich die eigentliche Aussage von «Turn» von meiner Interpretation nicht unerheblich unterschied. Ich fand das damals ziemlich überraschend und auch ernüchternd. Inzwischen weiß ich, dass das ganz natürlich ist. Die Intention des Künstlers ist vollkommen unwichtig. Von Bedeutung ist, was seine Kunst imstande ist, in einem auszulösen.

Es fällt vielleicht schwer, die Sichtweise meines Protagonisten als Stilmittel zu verstehen. Vielleicht sieht er die Dinge ja drastischer, um etwas deutlich zu machen. Was zählt, sind Wirkungen. Und das kann Konsequenzen haben. Diese Konsequenzen wirken sich auch auf mein Privatleben aus, gerade im zwischenmenschlichen Bereich, wenn ich beispielsweise Frauen kennenlerne, die mich interessieren.

Mein Bekannter Daniel hat das kürzlich ziemlich treffend zusammengefasst: «Ficken wird einfacher, ernsthafte Beziehungen schwerer. Weil die Frauen, an denen du ernsthaft interessiert bist, zu viele Vorbehalte haben. Du musst dich praktisch erst gegen deine Figur durchsetzen. Und wenn sie deinen Namen trägt und dann auch noch ein Foto von dir auf dem Buchcover ist, wird es noch schwerer, das zu trennen.»

Nun ja, damit hat er nicht unbedingt unrecht. Trotzdem hatte ich keine Einwände gegen das Foto auf dem Cover. Vielleicht weil es nicht unbedingt meine Eitelkeit verletzte. Vor einiger Zeit hat mir ein Bekannter gesagt: «Eigentlich hättest du ja die Anlagen, ein ausgezeichneter Autor zu werden, wenn du bloß nicht so eitel wärst.»

Ich nickte zustimmend. Was sollte man da erwidern? Ich hätte Al Pacino zitieren können, der in dem Film *Im Auftrag des Teufels* zu Keanu Reeves sagt: «Vanity is definitely my favourite sin.» Aber das wäre dann wohl doch ein wenig zu plakativ.

Vielleicht wäre es adäquater, es hier mal mit Thomas Mann zu sagen, der sich sicher war, wie Marcel Reich-Ranicki in *Mein Leben* schreibt, dass Egozentrik die Voraussetzung für seine Produktivität sei: «Nur der quäle sich (mit dem Verfassen von Texten, Anm. d. A.), der sich wichtig nehme.»

Tja. Ich will es hier mal so sagen: Da kann ich Thomas Mann nur zustimmen.

Gerade fällt mir noch einmal der betriebswirtschaftliche Rat der attraktiven Schriftstellerin ein, diesen Text möglichst provokant zu beginnen. Ich habe ihn dann doch lieber *Höflich, gut erzogen und durchaus verletzlich* genannt. Vielleicht weil es ein gutes Beispiel für diese Missverständnisse ist, von denen der Text handelt. Und wahrscheinlich ist es das, was meine Texte zusammenhält. Die Missverständnisse, die häufig die

Entscheidungen unseres Lebens treffen, obwohl wir das natürlich nicht wahrhaben wollen.

Aber machen wir uns nichts vor: Hätte ich ihn mit den Worten *Minderjährige nymphomanische Top-Models* begonnen – wer hätte da nicht weitergelesen?

GERADE AUFGEWACHT – BEI SANDY IN DER NEUNTEN ETAGE

Heute Morgen habe ich auf dem Alexanderplatz einen Mann beobachtet, der mit seinem vier- oder fünfjährigen Sohn um die Wette lief und ihn nicht gewinnen ließ. Zuerst nahm ich an, ich hätte mich geirrt. Möglicherweise tat der Mann ja nur so, als würde er seinen Sohn nicht gewinnen lassen, um ihn vielleicht anzuspornen. Als ich jedoch seinen angespannten und etwas zu ehrgeizigen Gesichtsausdruck sah, begriff ich, dass der Mann seinen Sohn nie gewinnen lassen würde. Der Junge hatte verloren. Schon jetzt. Sein Vater würde ihm nie eine Chance geben, denn Menschen wie er waren zu sehr mit sich selbst beschäftigt, um Rücksicht auf andere nehmen zu können.

Ich betrachtete die beiden mit einem leicht melancholischen Gefühl. Auch wenn mir rauchende Frauen mit einem Kinderwagen auf der Straße begegnen, habe ich dieses Gefühl. Ein Gefühl, als würden solche scheinbar unerheblichen Situationen bereits die ganze Geschichte erzählen, den wesentlichen Unterschied deutlich machen. In solchen Momenten bin ich fest davon überzeugt, ein besserer Vater zu sein, obwohl der Gedanke, Vater zu sein, für mich noch immer ziemlich weit entfernt ist.

Freunde, die schon seit Jahren in einer Beziehung sind und darüber nachdenken, in der nächsten Zeit Eltern zu werden, sehen das aus irgendeinem Grund anders. Sie beziehen mich gern und häufig in ihre Geburtsplanungen ein. Sätze wie «Wenn unsere Kinder im gleichen Alter sind, können sie doch gemeinsam aufwachsen» höre ich in letzter Zeit ziemlich oft. Nun ja. Der Ansatz ist schon richtig. Allerdings vergessen meine Freunde in diesen euphorischen Momenten, den ja nicht unwesentlichen Umstand zu berücksichtigen, dass ich Single bin. Trotzdem planen sie mit mir. Vielleicht hoffen sie auf eine Vaterschaftsklage. Damit ich endlich mal in ihre Pläne passe.

Geschichten aus dem Leben meiner Freunde, die bereits Kinder haben, wirken auf mich häufig wie Geschichten aus einem parallelen und auch in gewisser Weise abstrakten Alltag. Sie sind weit weg, irgendwie schwer greifbar. Wenn ich mich mit einem Vater meines Bekanntenkreises treffe, habe ich das Gefühl, er wäre aus einer Welt zu mir herabgestiegen, die weiter ist als die Welt, in der ich mich bewege. Die Ziele haben sich verschoben. Die Väter meines Bekanntenkreises haben sich, wie soll ich sagen, verbessert. Allerdings lassen ihre müden Züge und Gesten nicht unbedingt darauf schließen, dass sie diesen Ansatz selbst ernsthaft in Erwägung ziehen würden. Sie wirken nicht glücklich. Unsere Treffen haben eher tragisches Format. Meine Bekannten nutzen sie offenbar, um noch einmal in ihre Vergangenheit zurückzukehren, als wäre ich der Spiegel, in dem sie noch einmal den Mann betrachten können, der sie früher waren. Ein Spiegel, in dem sie sehen können, wie viele Möglichkeiten ihnen einmal offenstanden. Es sind

Treffen voller Nostalgie. Treffen, bei denen sehr viel getrunken wird.

Treffen dieser Art werden zeitlich oft sehr umfangreich geplant. Sie haben mindestens vierzehn Tage Vorlaufzeit. Wenn wir uns verabreden, fallen häufig Sätze wie «Das muss ich erst mit der Obrigkeit abklären» oder «Ich muss meinen Urlaubsantrag erst einmal genehmigen lassen». Solche Sätze werden natürlich in einem scherzhaften Ton geäußert. Wenn man einen Scherz macht, lacht man. Allerdings mischt sich in das Lachen meiner Bekannten eine Verzweiflung, die mich schon ziemlich beunruhigt.

Ich bin vor einigen Wochen 34 Jahre alt geworden. In diesem Alter ist man eigentlich ein Mann. Man sieht aus wie ein Mann, man verhält sich wie ein Mann. Nun ja, zugegebenermaßen entspreche ich ja leider nicht unbedingt diesem Bild. Ich begreife mein Alter nicht unbedingt in meinem Alltag. Ich begreife es eher, wenn ich mich mit Frauen treffe, die so alt sind wie ich. Wenn ich Frauen in meinem Alter begegne, vergesse ich oft, dass sie ja in den vergangenen dreißig Jahren – formulieren wir es hier mal ein wenig prätentiöser – ähnlich reich mit Schicksal ausgestattet wurden wie man selbst. Auch verdränge ich häufig, dass es natürlich nicht ungewöhnlich ist, wenn Frauen in meinem Alter bereits Kinder haben. Das ist ganz verständlich, denn Schwangerschaften ab fünfunddreißig gelten ja schließlich bereits als Risikoschwangerschaften. Insofern kommt es schon mal vor, dass ich mich mit Frauen in meinem Alter verabrede, die in eher unpassenden Momenten zu eher verspäteten Geständnissen neigen. Als ich beispielsweise im letzten Herbst Marie kennenlernte, ließ sie bei unserer dritten

Verabredung leichthin eine unscheinbare Bemerkung fallen – zumindest ließ der Tonfall, in dem sie sie formulierte, darauf schließen.

Sie sagte: «Ich hatte doch erwähnt, dass ich einen Sohn habe?»

Marie kleidete diese eigentlich gar nicht so unwesentliche Information sehr klug in eine harmlose rhetorische Frage. Rhetorische Fragen müssen nicht beantwortet werden, weil die Antwort ja schon feststeht. In diesem Fall beantwortete ich sie dann doch. Vorsichtshalber.

«Nein, bisher noch nicht», sagte ich mit einem leicht angespannten, höflichen Lächeln. «Wie alt ist er denn?»

«Elf.»

«Ach? Elf? Interessant.»

Ich weiß nicht. Bei solchen Geständnissen habe ich das Bild einer ausgelassenen Familiensituation vor Augen, vielleicht an einem sonnenbeschienenen Frühlingsnachmittag. Ich sehe mich mit einer Frau und einem kleinen Jungen durch den Park laufen. Wir sehen glücklich aus. Und dann, mitten in dieser vollkommenen Familienidylle, ruft die Frau dem Jungen zu: «Und? Wer ist der beste Papa der Welt?»

«Onkel Michael!», entgegnet der Junge mit strahlenden Augen.

Onkel Michael! Eine Vorstellung, die mich schon ein wenig zurückschrecken lässt.

Kürzlich traf ich mich mit einer Frau, mit der ich mich sehr gut verstand. Auch sie war in meinem Alter. Wir hatten einige Dates und telefonierten auch hin und wieder. Und dann gab es da diesen Moment. Den Moment nach unserem ersten Kuss.

In diesem schönen und auch sehr sensiblen Augenblick sagte sie einen Satz, der irgendwie nicht so richtig zu dieser schönen und sensiblen Stimmung passte, in der ich mich gerade befand. Sie sagte: «Michael, ich muss dir etwas gestehen.»

So, liebe Leser, natürlich haben wir schon eine ungefähre Vorstellung davon, was da jetzt auf uns zukommt. Eine «Ich habe ein Kind, aber bisher gab es irgendwie noch nicht den passenden Moment, es dir zu sagen»-Situation. Wir stellen uns also schon mal ganz vorsichtig darauf ein und werfen ihr einen abwartenden Blick zu.

Dann sagte sie: «Ich bin verheiratet und habe zwei Kinder.» Die volle Breitseite. Ich löste mich von ihr und warf ihr einen bestürzten Blick zu. Die Leichtigkeit einer gerade erblühenden ersten Verliebtheit war nicht mehr da. Sie war durch dieses Geständnis gewissermaßen zusammengeschossen worden, mit einer AK-47 vielleicht. Und eine AK-47 schafft 600 Schuss in einer Minute, damit man mal eine Vorstellung hat.

Würde ich die Welt mit den Augen meines ehemaligen Kollegen Matthias sehen, wären mir solche Empfindungen fremd. Das folgende Erlebnis skizziert seine, wie soll ich sagen, kulturellen Befindlichkeiten, schon sehr aufschlussreich. Wir trafen uns an einem milden Mittwochabend in einem Biergarten. Weil ja der nächste Tag ein Arbeitstag war, würden wir ein oder zwei Weizen trinken und uns gegen Mitternacht verabschieden und nach Hause fahren. Das war der Plan. Nun ja, dieser Plan ging nicht unbedingt auf. Gegen vier Uhr morgens leerte ich in einer Bar namens Kaffee Burger meinen fünften Wodka des Abends und ließ Matthias und die beiden Frauen, mit denen er gerade in ein angeregtes

Gespräch vertieft war, auf mich wirken. Als Matthias sie angesprochen hatte, hatte er sich offensichtlich auf seinen Geschmack verlassen, der sich nicht unbedingt auf ihr Aussehen bezog – eher darauf, welche am ehesten ja sagen würden. Und die beiden sahen aus, als würden sie sofort ja sagen. Ich setzte mich nicht dazu, weil diese Frauen nicht nur scheiße aussahen, sondern für meine Begriffe auch ziemliche Scheiße von sich gaben, obwohl das ja auch irgendwie konsequent war. Ich sah auf die Uhr. Es war wohl besser, schnell zu gehen. Wenn ich jetzt ein Taxi nahm, konnte ich wenigstens noch vier Stunden schlafen. Viel war das nicht, aber es würde ausreichen. Es musste ausreichen.

Am nächsten Morgen war ich dann trotz meines Zustands relativ pünktlich im Büro.

Matthias meldete sich krank. Er schickte mir um 11 Uhr 35 eine schon sehr bezeichnende Nachricht auf mein Handy: «Gerade aufgewacht bei Sandy in der 9. Etage. Ich sag nur: 2 Kinder, 32, aber geile Titten. Gruß Matthias.»

Geile Titten also. Der Mann hatte seine Prioritäten gesetzt.

Vor einigen Wochen fand ich mich auf einer Party in einer sehr eindrucksvollen Gesprächsrunde wieder, die Matthias sicherlich gefallen hätte. Als Ansatz gewissermaßen. Ich unterhielt mich mit fünf Müttern in meinem Alter, oder, um das noch ein wenig zu präzisieren, mit fünf Single-Müttern. Nicht ungefährlich, liebe Leser, nicht ungefährlich. Single-Mütter in den Mittdreißigern haben einen Blick, der mich beunruhigt. Einen Blick, der mich irgendwie in die Enge treibt. Und auch die Theorien, die im Laufe unserer Unterhaltung entwickelt wurden, um irgendwelche Argumente herauszuarbeiten, aus welchen Gründen diese Frauen keine Männer mehr abbekamen, trieben mich irgendwie in die Enge.

Als die «Woran liegt es eigentlich, dass es als alleinstehende Mutter so schwierig ist, Männer kennenzulernen?»-Frage im Raum stand, hätte ich ihnen natürlich die Wahrheit sagen können. Ich hätte ihnen sagen können, dass es Männern lieber ist, gemeinsam mit einer Frau ein Kind zu bekommen, selber Vater zu sein, als sich plötzlich in irgendwelchen Strukturen wiederzufinden, die auf den ersten Blick eher im problembeladenen Bereich anzusiedeln sind. Da machen Männer dann doch lieber einen Rückzieher. Sie lassen Gefühle nicht zu. Es sei denn, sie sind verzweifelt und befürchten, selbst keine Frau mehr abzukriegen.

Bevor ich jedoch etwas Entsprechendes erwidern konnte, sagte eine der Frauen: «Vielleicht liegt es daran, dass man, nun ja, als Mutter, sozusagen durch die Geburt, den Männern, wie soll man sagen, zu ausgeleiert ist. Verstehst du, was ich meine?»

Um ehrlich zu sein, verstand ich anfangs nicht, was sie meinte. Ich dachte eher an die gängigen Probleme junger Mütter, nach der Geburt wieder auf das Gewicht vor ihrer Schwangerschaft zu kommen. Aber das meinte sie nicht. Und dann – o ja – dann begriff ich für meine Begriffe sogar ein wenig zu schnell, was sie meinte.

«Moment, meinst du das im sexuellen Sinn?», fragte ich ein wenig entsetzt. Sie nickte schnell, als hätte ich ihren Gedankengang mit dieser Frage bestätigt. Dann sagte sie: «Ich hätte vielleicht doch lieber einen Kaiserschnitt machen lassen sollen.»

Ausgeleiert? Kaiserschnitt? Das klang nicht appetitlich. Scheiße! Vorsichtshalber richtete ich erst mal einen nötigen Sicherheitsabstand ein und machte eine beruhigende Geste, die wohl vor allem mich selbst beruhigen sollte. Dann lächelte ich, glaube ich, irgendwie durch sie hindurch. Meine Gedanken waren bereits woanders. Sozusagen auf dem Heimweg.

Wenn man länger mit einer Frau zusammen ist, spricht man natürlich auch hin und wieder über Kinder. In solchen Gesprächen hat mir eine meiner Exfreundinnen oft vorgeworfen, dass sie ihre Rolle in unserem Familienleben schon jetzt sehr deutlich vor sich sehen würde. «Ich wäre doch immer die Herzlose», betonte sie immer wieder scharf. «Ihr würdet doch ständig zusammenhalten. Alles, was ich unserem Kind verbieten würde, würdest du ihm erlauben. Ich würde immer allein stehen.»

Das ist natürlich etwas dramatisch formuliert, aber vielleicht hat sie recht.

Ich habe meinen Zivildienst in einem Kindergarten gemacht. Nach nur wenigen Wochen haben mich alle Kinder geliebt. Der Preis dieser Liebe war jedoch der Hass der Kindergärtnerinnen. Ich glaube, sie haben mich wirklich gehasst. Ich war ihnen wohl zu sehr auf der Seite der Kinder. Vielleicht hatten sie das Gefühl, durch mich die Kontrolle abzugeben. Und Kontrolle ist in deutschen Kindergärten ja sehr wichtig.

Auch wenn das jetzt vielleicht merkwürdig klingt, bestätigt mich der Hass dieser Frauen in meiner Überzeugung, ein guter Vater zu sein, irgendwann in einem Park mit meinem vier- oder fünfjährigen Sohn um die Wette zu laufen – und ihn gewinnen zu lassen. Nachdem er gewonnen hätte, würde er mich erschöpft und mit leuchtenden Augen ansehen. Ich würde ihm mit einem anerkennenden Lächeln durch die Haare streifen.

Dann würde ich sagen: «Ausgezeichnet, Michael, das hast du richtig gut gemacht.»

UNTERWEGS IN SACHEN LIEBE

Am Samstag war ich wieder mal ein wenig überfordert. Das passiert mir an Samstagen häufiger, denn jeden Samstag versuche ich meinen Wocheneinkauf. Ich stand vor einem dieser großen Regale bei Reichelt und wusste nicht, wo ich zuerst hinsehen sollte.

Leider stellt mich das Einkaufen im Supermarkt vor nicht unerhebliche Schwierigkeiten. Ich kann das nicht so gut, das ist wohl eine der Tragiken meines Lebens.

Wenn ich Lebensmittel kaufe, habe ich keinen langfristigen Plan. Allerdings verlangt ein Wocheneinkauf nach einer ungefähren Vorstellung, welche Gerichte man in den kommenden sieben Tagen so zubereiten möchte. Ich schaffe diese Planung meistens bis zum Abend des darauffolgenden Tages – wenn es gut läuft. Ich weiß, eigentlich sollte man sich auf solche Einkäufe vorbereiten. Eine Liste machen, was man so braucht. Aber aus irgendeinem Grund fällt mir das immer erst ein, wenn ich vor diesen großen Reichelt-Regalen stehe, die mich auslachen.

Zu der Idee einer gewissen Lebensqualität gehört das Kochen ja dazu. Ich kenne Männer in meinem Alter, die, wenn ich sie am Wochenende anrufe, mir mit einer bei ihnen völlig unbekannten Leichtigkeit zurufen: «Wir kochen gerade.»

«Wir kochen gerade» klingt in solchen Situationen wie «Wir leben gerade. Und so wie es aussieht, gehörst du nicht unbedingt dazu». Das ist natürlich ein bisschen ernüchternd. Aber es soll ja ganz normal sein, dass man sich als Single in Fragen seiner kulinarischen Intelligenz ein wenig gehenlässt. Beziehungen sind da schon ein geeigneterer Rahmen. Nehmen wir zum Beispiel meine Familie. Wenn ich eine Freundin habe, verändert sich auch das Geschenkverhalten meiner Familie. Kaum bin ich etwas länger mit einer Frau zusammen, schenkt man mir zu Weihnachten oder zum Geburtstag viele Dinge, die man in der Küche gut gebrauchen kann. Ich besitze eine große Kollektion von Küchenutensilien, die mir mein Bruder über die Jahre geschenkt hat. Bei den meisten dieser Utensilien ist mir auch heute noch nicht klar, wozu sie überhaupt zu verwenden sind. In meiner Küche sind sie eher Accessoires. Sie hängen da und sehen gut aus. Dieses Schicksal teilt auch eine 24-teilige Kollektion von Gewürzen, die ich mir vor einigen Jahren für einen unverhältnismäßig hohen Preis bei Habitat gekauft habe. Ich habe sie noch nie benutzt. Allerdings sehen die Behälter gut aus. Und das war wohl auch der Grund, aus dem ich sie gekauft habe. Meinem Kühlschrank, der wohl tragischsten Figur meiner Küche, geht es da ähnlich.

Ich habe mir vor einigen Jahren einen großen und auch ziemlich teuren Kühlschrank gekauft, der diesen Kühlschränken nachempfunden ist, die in den fünfziger Jahren gebaut wurden. Er ist mit der modernsten Technik ausgestattet, gewissermaßen ein Trabant mit einem Porsche-Motor. Ich mag meinen Kühlschrank. Würden wir allerdings – natürlich rein hypothetisch – nur für einen kurzen Moment davon ausgehen, dass er eine Seele hätte, bräuchte er sicherlich in naher Zukunft eine Therapie. Mein Kühlschrank wäre nicht schizophren oder paranoid, eher wohl außerordentlich depressiv. Er muss sich ziemlich nutzlos fühlen, ziemlich leer. Er kann seine Aufgabe nicht erfüllen, nicht weil er nicht dazu in der Lage wäre, sondern weil ich ihm nicht die Möglichkeit gebe, sie zu erfüllen. Mein Kühlschrank leidet. Und ich bin schuld daran.

Dabei hatte unsere Beziehung einmal ziemlich vielversprechend begonnen. Ich habe ihn nämlich gekauft, als ich noch mit meiner damaligen Freundin zusammenwohnte. In dieser Zeit gingen wir regelmäßig einkaufen. Meine Freundin brauchte keinen Einkaufszettel, sie hatte alles im Kopf. Unsere Küche war voller Lebensmittel. Das ist lange her. Und es kommt mir zugegebenermaßen wesentlich länger vor. Inzwischen gibt es in meiner Küche nur eine kulinarische Konstante, wie meinem Neffen, der mich hin und wieder besucht, mit beunruhigender Regelmäßigkeit auffällt: ein großes Glas Nutella. Und Nutella, das steht ja in jedem Frauenmagazin, muss man nicht im Kühlschrank aufbewahren.

Als ich mit meiner letzten Freundin zusammen war, schenkte mir meine Schwägerin zu Weihnachten ein Kochbuch von Jamie Oliver. Und um hier mal ein ungefähres Bild über das Ausmaß meiner Unbedarftheit in diesem Bereich zu skizzieren: Der Name Jamie Oliver war mir bis zu diesem Zeitpunkt kein Begriff. Allerdings spürte ich, als ich in dem Buch blätterte, plötzlich diesen Ruck. Ich hatte auf einmal diese Vorstellung von Lebensqualität, die einem das Kochen bieten kann. Ich begriff, dass ich in den nächsten Monaten ziemlich viel kochen würde. Ich hatte auch schon ein Bild dazu. Es unterschied sich nicht allzu sehr von den aufwendig fotografierten Farbbildern in dem Buch, auf denen Jamie mit seinen Freunden an großen

Tischen saß und mit ihnen seine Kreationen verspeiste. Mich beeindruckte auch, dass es meinem neuen Kumpel Jamie inzwischen schon Schwierigkeiten bereitete, sich für die vielen Gerichte, die er so erfand, neue Namen auszudenken.

Der Mann hatte es geschafft: Ich war auf dem Jamie-Oliver-Trip. Und was soll ich sagen, er hielt nicht lange an. Der erste ernüchternde Moment kam sogar ziemlich schnell, als ich mich ein wenig eingehender mit Jamies Rezepten beschäftigte. In den Rezepten seiner Gerichte nahmen nämlich die Aufzählungen der Zutaten mehr Raum ein als die Beschreibung der Zubereitung. Ich will es mal so formulieren: Ich scheiterte. Jamie schätzte mich falsch ein – er überschätzte mich. Das begriff ich bereits bei einem eher unscheinbar wirkenden Halbsatz. Er lautete: «Das Fleisch würzen ...»

Auch bei diesem Rezept war die Liste der Zutaten sehr lang. Die Zubereitung wurde in einem siebenzeiligen Absatz beschrieben. Ich weiß nicht genau, an welche Zielgruppe sich Jamie da wendet. Sie scheint ja ziemlich groß zu sein. Seine Bücher sind schließlich Bestseller. Auf jeden Fall ist sie weiter als ich, auch in Dingen der Lebensqualität.

Früher war ich auch der Auffassung, dass man die richtige Frau nicht unbedingt in irgendeinem Club kennenlernt, eher in einer Alltagssituation. In der Straßenbahn oder beim Wocheneinkauf im Supermarkt. Ein ungezwungenes Gespräch, das sich einfach ergibt, auf natürliche Art. Mir ist so etwas noch nie passiert. Allerdings ist mir einmal eine Frau, mit der ich mich kurz zuvor morgens in einem Club ziemlich gut verstanden habe, an einem Nachmittag beim Einkaufen begegnet. Es war bei Kaiser's. Und es war nicht unbedingt mit meiner

Idee eines ungezwungenen, natürlichen Kennenlernens in einer Alltagssituation vergleichbar. Um ehrlich zu sein, bekam ich sogar einen Schreck, als ich sie sah. Wenn man nachts in Clubs unterwegs ist, viel tanzt und noch mehr trinkt, versteht man sich häufig mit Leuten, zu denen man nüchtern keinen allzu großen Zugang hat. Der eigene Alltag und solche Nächte sind zwei vollkommen verschiedene Welten. An diesem Nachmittag bei Kaiser's trafen diese zwei Welten aufeinander. Welten, die nicht zusammengehören, ohne jedwede Berührungspunkte sind. Abgesehen natürlich von einem – die einzige Verbindung zwischen diesen Welten war ich. Ich sah das Gesicht dieser Frau zum ersten Mal bei Tageslicht, was ja auch schon ziemlich ernüchternd sein kann. Ich hatte sie kaum erkannt. Wir sprachen kurz miteinander. Es war ein bemühtes Gespräch. Es gab nicht wirklich viel zu sagen. Ich hoffte, dass es schnell vorbeiging. Wir hatten uns in der falschen Welt getroffen. Oder auf dem falschen Pegel. Was weiß ich. Wir haben uns glücklicherweise nie wiedergesehen.

Aber es gibt auch andere Einkaufsgeschichten. Geschichten, die voller Romantik sind. Geschichten, die einen wieder an die große Liebe glauben lassen. Zum Beispiel Geschichten aus dem Leben von Christoph. Mein Bekannter Christoph hat mir letztens ganz begeistert am Telefon erzählt, dass er sich gerade verliebt habe. Er hat seine Freundin im Supermarkt kennengelernt. Sie stand hinter ihm an der Kasse. Irgendwann wies sie ihn lachend darauf hin, dass er gerade außer seinem Einkauf auch ihre Lebensmittel einpackte. Bevor er sich entschuldigen konnte, stellte sie fest, dass er ihr die Einkäufe ja dann eigentlich auch nach Hause tragen könnte.

Das klingt wie die Szene aus einem dieser Filme, die sich einige meiner Bekannten mit ihren Freundinnen ansehen, um mal wieder einen romantischen Abend zu haben. Etwas Sensibles. Filme, die *Eine für vier – Unterwegs in Sachen Liebe* oder *Ein Nachbar zum Verlieben?* heißen. Aber auch *Jet Lag – oder wo die Liebe hinfliegt* wäre da ein schönes Beispiel. Insofern war Christoph, um hier mal zur Analogie zu greifen, der Hugh Grant meines Bekanntenkreises.

Weil ich während unseres Telefonats an meinem Rechner saß, fragte ich Hugh auch gleich mal nach dem Nachnamen der Frau und gab ihren Namen bei Google ein. Fünf Minuten später war ich über ihr Leben eigentlich schon ziemlich gut informiert. Bei StayFriends fand ich auch ein Foto von ihr. Und im Zusammenhang mit der Information, sie sei alleinerziehende Mutter, verstand ich dann ziemlich gut, dass sie wildfremde Männer, die sie abends im Supermarkt trifft, bittet, ihr die Einkäufe nach Hause zu tragen. Langsam wurde aus dem Telefonat mit Hugh wieder ein Telefonat mit Christoph.

Am Mittwoch habe ich Markus besucht. Markus ist zwar auch Single, allerdings strahlt seine Küche eine Aura aus, als würde er sich mit Jamie Oliver ausgezeichnet verstehen. Markus besitzt Gewürze, die er auch benutzt. Allerdings besitzt er auch viele Küchenutensilien, bei denen ich Bedenken habe, sie zu berühren. Wir aßen eine seiner wunderbaren Spaghetti-Bolognese-Variationen, und auf Markus' ausladendem Esszimmertisch stand eine Käseraspel von der Größe meines Unterarms, die mich verunsicherte. Sie sah gefährlich aus. Ich betrachtete sie ein bisschen irritiert, auch weil mir nicht ganz klar war, wie ich sie benutzen sollte. Bei falscher Handhabung war sie sicherlich in der Lage, mich zum Krüppel zu machen. Das traute ich ihr zu. Ich sah meine abgetrennten Finger schon auf Markus' Esszimmertisch liegen.

Markus sagte gerade: «Schreib doch mal nicht immer nur übers Ficken. Schreib doch mal was über Alltagssituationen. Zum Beispiel übers Einkaufen im Supermarkt oder übers Kochen.»

Er sah mich abwartend an. Ich flüchtete mich erst mal in einen dieser Blicke, die sagen sollen, dass ich mehr weiß, als ich hier jetzt sagen kann, und dachte kurz darüber nach. Der Mann hatte recht. Es war Mittwochabend. Bis Samstag hatte ich noch drei Tage Zeit. Diesmal würde ich es durchziehen. Ich würde mein Jamie-Oliver-Buch durcharbeiten, mir einen Plan machen und am Samstag sehr selbstbewusst vor diesen großen Regalen bei Reichelt stehen können. Ich war bereit.

Ich nickte Markus bestätigend zu. Dann erhellte sich mein Gesicht.

SIE LACHTE MIR
HERZLICH ZU

Vielleicht kennen Sie solche Momente. Momente, in denen man sich ziemlich einsam fühlt, obwohl man sich beispielsweise gerade an einem Ort aufhält, an dem sich viele Menschen befinden. Momente, in denen man sehr allein ist. Allein unter Menschen. Obwohl ich als ein eher kommunikativer Mensch gelte, passiert mir das hin und wieder. Man kennt das ja von diesen Geburtstagsfeiern, zu denen man von Leuten eingeladen wird, mit denen man sich früher einmal ganz gut verstanden hat, zu Schulzeiten vielleicht. Auf solchen Feiern kann man schnell begreifen, wie weit sich Leben voneinander entfernen können, und zwar in verhältnismäßig kurzer Zeit. Es gibt keine Schnittmengen mehr, keine Gemeinsamkeiten. So etwas kann ziemlich ernüchternd sein, vor allem weil ja die anderen Geburtstagsgäste eher zu dem Leben des Freundes aus der Vergangenheit passen als zu dem eigenen.

Aber am besten ist es wohl, wir stellen uns das einmal vor. Es ist Samstagabend. Ein alter Freund hat uns zu seinem dreißigsten Geburtstag eingeladen. Die Einladungsmail hat zwar die bezeichnende Betreffzeile «Don't worry, be thirty», aber, wie wir nun mal sind, denken wir uns vorerst nichts dabei. Als uns der Gastgeber die Wohnungstür öffnet, ist auch noch alles in Ordnung, obwohl wir schon ein wenig irritiert sind, weil wir aus irgendeinem Grund keine Musik hören. Wir begrüßen den Gastgeber und versichern ihm, wie spurlos die letzten Jahre an ihm vorbeigegangen sind. Und dann – ja dann – begeben wir uns in die Wohnung.

Als wir das Wohnzimmer betreten und sehen, wer hier sonst noch so eingeladen wurde, haben wir schon eine ziemlich konkrete Vorstellung, wie dieser Abend ablaufen wird. Wir begreifen schnell, dass wir uns hier auf keiner Feier befinden. Wir befinden uns auf einem Sit-in. Einem Geburtstags-Sit-in. Mit diesen Leuten werden uns wohl die Gesprächsthemen nicht ausgehen, weil es keine Gesprächsthemen gibt, die einem ausgehen könnten. Tja. Wir setzen uns erst mal.

Wir betrachten die Gesichter der Anwesenden, und plötzlich können wir uns ziemlich gut vorstellen, wie sie als Rentner sein werden. Ihre Art zu reden und ihre Gesten nehmen es praktisch vorweg. Es sind Menschen, zu denen Spieleabende passen. Wir fühlen uns fremd. Wir fühlen uns allein, allein unter Menschen. Irgendwann hoffen wir nur noch, dass nicht irgendjemand vorschlägt, dass es doch eine schöne Idee wäre, jetzt ein Spiel zu spielen.

Wir überlegen, auf welche Art wir uns hier am besten einbringen könnten. Aus irgendeinem Grund fehlt uns jedoch der richtige Ansatz. Wir könnten interessiert nicken. Wir könnten interessiert lächeln. Wir könnten Dinge sagen wie «Ach was?» oder «Aha?». Wir könnten uns auch an eine der anwesenden Frauen wenden und versuchen, mit einer auflockernden Bemerkung das Eis zu brechen. Vielleicht mit einem Satz wie: «Du kommst mir irgendwie bekannt vor. Hab ich dich nicht erst kürzlich in einem Pornofilm gesehen?» Aber eigentlich passt das nicht zu uns. Wir könnten natürlich auch vorschlagen, dass es doch eine schöne Idee wäre, jetzt ein Spiel zu spielen.

Moment! Was ist mit uns los? Ein wenig verzweifelt stellen wir etwas sehr Beunruhigendes fest: Wir werden wie sie! Sie haben bereits begonnen, uns zu sozialisieren. Eine «Wenn man sich mit dem Teufel einlässt, verändert sich nicht der Teufel»-Situation. Spätestens jetzt sollten wir uns ganz schnell eine plausible Erklärung ausdenken, um hier rasch verschwinden zu können. Bevor es zu spät ist.

Vor einigen Jahren lud mich ein ehemaliger Kollege zu seiner Geburtstagsfeier ein, bei dem es schon zu spät war. Abgesehen von ihm kannte ich niemanden auf dieser Feier, und wenn ich gewusst hätte, was da auf mich zukam, wäre ich wohl nicht hingegangen. Die anderen Gäste, die offensichtlich zum engeren Bekanntenkreis meines ehemaligen Kollegen gehörten, hatten sich nämlich ein Geschenk einfallen lassen, das man mit gutem Gewissen als ein originelles und auch überaus persönliches Geschenk bezeichnen konnte. Sie schenkten ihm – man wagt es kaum auszusprechen – einen selbstproduzierten Pornofilm. «Marke Eigenbau», wie sich dessen bester Freund mit einem herzlichen Lachen ausdrückte. Marke Eigenbau. Da hatte ich offensichtlich mal wieder so richtig viel Glück gehabt.

Abgesehen von mir wirkten alle anwesenden Gäste bei diesem Film mit. Nach dem Essen versammelte man sich im Wohnzimmer, der Fernseher wurde eingeschaltet, ein dickes Mädchen in einem roten Kleid erzählte, dass sie sich den Film am Vormittag noch einmal angesehen und sich überaus amüsiert hätte. Ich warf ihr einen verunsicherten Blick zu und begab mich schnell in die Küche, um dort meine erst zur Hälfte geleerte Bierflasche abzustellen und umgehend auf Wodka umzusteigen. Dann hörte ich eine der Frauen meinen Namen rufen. Ohne mich wollten sie schließlich nicht anfangen. Ich füllte Wodka in ein Glas und trank es in einem Zug leer. Dann füllte ich das Glas aufs Neue. Als ich ins Wohnzimmer zurückkehrte, hatte mir das dicke Mädchen in dem roten Kleid einen Platz auf dem Sofa freigehalten. Sie lachte mir herzlich zu. Ich setzte mich. Oder sagen wir es so: Ich machte es mir bequem.

Der Film lief ungefähr eine Stunde. Es wurde nicht gespult. Es wurde viel gelacht. Auf dem Weg nach Hause fragte ich mich, warum der Gastgeber gerade mich zu dieser Feier eingeladen hatte. Nahm mein ehemaliger Kollege an, ich wäre so wie er und seine Freunde? Ich habe mich nie wieder bei ihm gemeldet.

Ein ähnliches Gefühl empfand ich auch auf der Geburtstagsfeier eines Bekannten, die ich im vergangenen Sommer besuchte. Auf dieser Feier saß ich, den Laptop meines Bekannten auf dem Schoß, auf dessen Terrasse und gab in das Google-Eingabefeld den Buchstaben «A» ein. Dann öffnet sich ja unter dem Suchfeld häufig dieses Fenster, in dem die bisher eingegebenen Suchbegriffe aufgelistet sind, die mit dem jeweiligen Buchstaben beginnen. So etwas mache ich hin und wieder. Es ist natürlich ein bisschen voyeuristisch. Ein Eingriff in die Privatsphäre. Zu meiner Verteidigung muss ich jedoch hinzufügen, dass es ein eher berufsbedingter Voyeurismus ist. Es ist nämlich eine interessante Frage, inwieweit man von den Begriffen, die jemand bei Google sucht, auf dessen Charakter schließen kann. Weil ich bei solchen Gelegenheiten die Buchstaben immer alphabetisch durchgehe, begann ich mit dem Buchstaben «A». Bei «A» kommt in den meisten Fällen nichts allzu Aufschlussreiches. Doch hier war es anders. Ich will es mal so formulieren: Bis zu «B» kam ich nicht mehr, denn «A» genügte bereits, um zu wissen, dass «B» hier nicht mehr nötig war.

Eine These, die Bret Easton Ellis seinem Roman *American Psycho* voranstellt, ist, dass «einer der Hauptfehler vieler Menschen in der Annahme liegt, dass gute Manieren dem Ausdruck heiterer Gefühle vorbehalten sind». Mit anderen Worten: Zivilisiertes Verhalten ist die Oberfläche. Eine Fassade, mit der wir uns im gesellschaftlichen Leben bewegen. Und mit Google-Suchfeld-Recherchen begibt man sich ja praktisch unter diese Oberfläche. Die Gefahr dabei ist jedoch, dass man unter Umständen Dinge erfahren kann, die man eigentlich gar nicht wissen möchte.

Es war einer dieser milden Sommerabende. Wir saßen in geselliger Runde, es waren ziemlich viele Frauen anwesend, die sich mit einer angenehmen Leichtigkeit unterhielten. Es wurde viel gelacht. Ein harmonisches Bild. Dann öffnete sich unter dem Google-Eingabefeld das Fenster der bisher eingegebenen Suchbegriffe. Unter ihnen befand sich auch eine unangemessen aufschlussreiche Wortgruppe. Da stand: «alte Weiber ficken».

Scheiße!

Ich zuckte ein wenig zusammen, sah schnell auf und vergewisserte mich, dass niemand hinter mir stand. Was ist von jemandem zu halten, der bei Google nach solchen Themengebieten recherchiert? Ich schloss schnell das Browser-Fenster. Die Frauen lachten herzlich, und in meinem Kopf liefen die haarsträubendsten Bilder ab. Ich hatte irgendwie den Eindruck, als würde ich sie durch ein Fenster betrachten, durch das ich sie zwar sehen konnte, sie mich jedoch nicht. Ich war mal wieder allein. Allein unter Menschen.

Ich glaube, es überrascht einen sogar selbst, wenn man diesen Google-Test mal an seinem eigenen Rechner ausprobiert, was man auf diese Weise Unerwartetes über sich selbst herausfinden kann. Als ich heute Morgen an meinem Laptop saß, war es so weit. Ich dachte: Vielleicht ist es jetzt Zeit für einen solchen Test. Wahllos drückte ich eine der Tasten. In dem Fenster der bisher eingegebenen Suchbegriffe stand nicht viel. Da stand nur ein Name. Es war der Name einer Exfreundin.

Ich bin wohl einsamer, als ich dachte.

«UND WANN WIRD DER JUNGE ENDLICH ERWACHSEN?»

Als ich ein Kind war, habe ich mir oft meinen fünfundzwanzigsten Geburtstag vorgestellt. Ich sah mich, in ein angeregtes Gespräch vertieft, zwischen einigen Freunden stehen. Die Frauen trugen Abendkleider, die Männer Anzüge. Wir tranken Rotwein und diskutierten ernstzunehmende Themen. Erwachsenenthemen. Ich konnte das damals natürlich noch nicht einschätzen, aber heute kann ich sagen, dass es ein Bild mit einer gewissen Eleganz war, mit einer gewissen Souveränität. Vielleicht weil mein fünfundzwanzigster Geburtstag im Jahr 2000 stattfand und der Jahrtausendwechsel für einen Achtjährigen im Jahr 1983 genauso weit weg war wie die Vorstellung, die Weltlage auf hohem Niveau und in gutgeschnittenen Anzügen zu diskutieren.

Was soll ich sagen, das Bild wurde nicht unbedingt in dieser Form bestätigt. Es hat mich über die Jahre begleitet, und je älter ich wurde, desto weiter entfernte es sich von mir. Am Silvesterabend des Jahres 2000 war es dann am weitesten weg. Wir waren auf einer Party in Mitte, die in drei Privatwohnungen eines Hausaufgangs gefeiert wurde. Es war sehr voll, und kurz vor Mitternacht, als alle auf die Straße strömten, verlor ich irgendwie meine Freunde. Um zwölf stand ich allein im Hausflur an einem Fenster und betrachtete melancholisch das

Feuerwerk über der Stadt. Ich trug keinen Anzug und dachte auch nicht unbedingt an irgendwelche ernstzunehmenden Themen, die die Weltlage betrafen. In diesem Moment begriff ich wohl endgültig, dass es mit dem kultivierten Bild, das ich mir so oft vorgestellt hatte, nichts mehr werden würde. Und auch heute ist dieses Bild noch beunruhigend weit entfernt.

Mir geht es da ähnlich wie dem Charakter, den Edward Norton in dem Film *Fight Club* verkörpert. «Ich bin ein Dreißigjähriger mit einem Milchbubigesicht», sagt er zu Tyler Durden, als die beiden über Frauen reden. Und das bezieht er wohl nicht nur auf sein Äußeres. Tyler Durden, der gerade ganz andere Pläne hat, entgegnet, dass sie zu einer Generation von Männern gehören, die von Frauen aufgezogen wurden. Und für jemanden wie Tyler Durden stellt sich da die Frage, ob die Antworten auf die großen Fragen solcher Männer überhaupt bei einer weiteren Frau zu finden sind. Tja, wie bereits erwähnt, Tyler hatte, wie wir ja alle wissen, gerade ganz andere Pläne. Und die Liebe gehörte nicht unbedingt dazu.

Allerdings gibt es Situationen, in denen mir Tylers Ansatz doch ziemlich nah ist. Und auch vor einigen Monaten musste ich mal wieder an ihn denken, als ich mich mit Linda traf. Es war unser erstes Treffen. Wir trafen uns gegen zwanzig Uhr. Zwei Stunden später sagte Linda: «Ist es nicht erstaunlich, dass wir uns bei unserem ersten Treffen schon so viel zu sagen haben?»

Ein wunderbarer Satz für ein erstes Date, nicht wahr? Ein perfekter Abschluss für einen gelungenen Abend. Dem muss man eigentlich nichts mehr hinzufügen. Mit solchen Sätzen illustriert man einen perfekten Moment. Aber wie so oft gab es einen kleinen Schönheitsfehler, der diesen perfekten Moment zu einem dieser nahezu perfekten Momente machte. Linda war eine Frau, die, um es mal zurückhaltend zu formulieren, außergewöhnlich viel sprach. Anders ausgedrückt: Ich schaffte fünf Sätze in zwei Stunden. Alle vierundzwanzig Minuten einen. Ich nickte Linda bestätigend zu. Es war schon erstaunlich, dass wir uns bei unserem ersten Treffen so viel zu sagen hatten.

Bei Menschen, die viel reden, habe ich oft das Gefühl, sie reden so viel, um nicht mit sich allein zu sein. Sie flüchten gewissermaßen vor sich selbst. Da sind sie Leuten nicht unähnlich, die sich stets mit Menschen umgeben müssen. Sie können mit der Freiheit des Alleinseins nichts anfangen, weil sie sich nicht mit sich selbst beschäftigen können. Wenn sie allein sind, langweilen sie sich. Also flüchten sie vor der Langeweile, sie flüchten vor sich selbst. Aber vielleicht schätzte ich Linda auch falsch ein. Womöglich dachte sie an diese Szene in *Pulp Fiction*, in der John Travolta zu Uma Thurman sagt, dass Pausen in Gesprächen zwischen Männern und Frauen, die länger als sieben Sekunden sind, zu unangenehmen Pausen werden. Ich kann mir gut vorstellen, wie Linda innerlich dagegen ankämpfte. Sieben Sekunden, sieben Sekunden, sieben Sekunden, hämmerte es in ihrem Kopf. Der Countdown lief. Der Druck erhöhte sich. Da musste man natürlich schnell was unternehmen. Vorzugsweise ohne Rücksicht auf Verluste.

Möglicherweise dachte sie aber auch an diese Paare, die auch mir hin und wieder in Cafés oder Restaurants auffallen. Paare in meinem Alter, die nicht miteinander reden. Sie sitzen sich gegenüber, trinken ihren Latte macchiato und schweigen.

Manchmal liest auch einer von beiden Zeitung. Das habe ich nie verstanden. Manchmal habe ich den Eindruck, diesen schweigsamen Paaren sind irgendwie die Gesprächsthemen ausgegangen. Vielleicht ist alles gesagt. Vielleicht gibt es nichts mehr zu besprechen. Diese Paare wirken immer auf mich, als würden sie ihre Beziehung leben, wie andere zur Arbeit gehen.

Der Schriftsteller Milan Kundera lässt den Protagonisten eines seiner Romane sagen, dass man seinen Alltag vollkommen anders betrachtet, wenn man liebt. Weil man alles, was geschieht, in Stoff für Gespräche mit dem geliebten Menschen verwandelt. Keine Liebe überlebt die Sprachlosigkeit, schreibt Kundera. Ich denke, dass das ein wahrer Satz ist. Und unter Umständen hatte ja auch Linda daran gedacht. Zumindest auf ihre Art.

Auf jeden Fall kannte ich mich nach diesen zwei Stunden in Lindas Leben schon ziemlich gut aus. Und auch ihr Problemhorizont war mir inzwischen vertraut. «Wir» sprachen viel über Paris Hilton, ein gerade sehr erfolgreiches RTL-Format und über Brustimplantate. Es war sehr rührend. Auch das Thema «vaginale Verjüngung» war ein nicht unwesentlicher Gegenstand unserer feinsinnigen Unterhaltung.

Während ich so tat, als würde ich Linda zuhören, fiel mir Milan Kundera ein, der in seinen Romanen eine Welt zeichnet, in der selbst ein Hilfsarbeiter vom Tiefbau wirkt, als könne er jederzeit aus Marcel Prousts hochkultiviertem Mammutwerk *Auf der Suche nach der verlorenen Zeit* zitieren, und – natürlich – in der Lage ist, ein gefülltes Rotweinglas mit einer gewissen Nonchalance gegen das Licht zu halten, um dann so nebenher von der Farbe des Weins auf dessen Anbaugebiet zu schließen. Einer Welt, die der Idee, die ich als Kind von meinem fünfundzwanzigsten Geburtstag hatte, eigentlich gar nicht so unähnlich ist.

Obwohl ich inzwischen gutgeschnittene Anzüge trage, gelte ich in meiner Familie noch immer als Berufsjugendlicher. Meine Mutter erwähnt in regelmäßigen Abständen, wie sehr es sie freuen würde, wenn man sich mit mir «endlich mal wie mit einem Erwachsenen unterhalten» könnte. Seit längerer Zeit beobachten meine Eltern auch mit einer gewissen Besorgnis mein Single-Leben. Und wie bei jedem längeren Prozess durchliefen meine Eltern dabei verschiedene Phasen. Nach der beobachtenden Phase gab es beispielsweise die aktive Phase. In der aktiven Phase hielten meine Eltern nach der passenden Frau für mich Ausschau. Bei jedem meiner Besuche wurden mir viele Vorschläge gemacht, wer denn gut zu mir passen würde. Sie wurden jedoch schnell wieder verworfen, und zwar mit Attributen wie «zu nett» oder «zu brav». Attribute, die in den Augen meiner Eltern offensichtlich Killer-Argumente in Bezug auf eine Beziehung mit mir zu sein scheinen. Wenn ich ihnen von Frauen erzählte, mit denen ich mich in den letzten Wochen so getroffen hatte, gab es schnell eine umgekehrte Mechanik, nennen wir sie mal die «zu jung, viel zu jung»-Mechanik, wie sich meine Mutter hin und wieder mit einem eher ängstlichen Timbre in der Stimme ausdrückt.

Inzwischen sind meine Eltern in der abwartenden Phase angekommen, in die sich allerdings auch hin und wieder Elemente aus der aktiven Phase mischen. Sie haben mein persönliches Glück noch nicht aufgegeben. Eher verschoben. Zumindest vorerst.

Als mein Handy klingelte, verschwand Linda kurz auf der Toilette. Patrick war dran. Patrick besitzt einen sehr großen Kühlschrank, in dessen Tür ein Ice Crusher integriert ist. Und den bediente er gerade, um seinen dritten Wodka-Red Bull des Abends zu machen. Obwohl Patrick liiert ist, erkundigte er sich mit der ihm so eigenen Herzlichkeit, ob ich nicht noch Lust hätte, mit ins Rodeo zu kommen, um dort noch «irgendwelche minderjährigen nymphomanischen Top-Models» kennenzulernen. Ein Synonym, das Patrick gern für attraktive Frauen verwendet, mit denen er im Rodeo häufig bei seinem sechsten oder siebenten Drink anzutreffen ist – in ein Gespräch vertieft, das von einer offensichtlich äußerst unterhaltenden Intelligenz geprägt ist.

Ich dachte kurz darüber nach. Dann traf ich eine Entscheidung. Ich erhob mich, legte nachlässig einen Zwanzig-Euro-Schein auf den Tisch, griff nach meinem Jackett und verließ schnell das Restaurant, bevor Linda zurückkehrte. Als ich die Kastanienallee hinunterlief, fiel mein Blick auf das Schaufenster eines Geschäfts, an dem ich gerade vorbeilief. Es war ein flüchtiger, ein unvorbereiteter Blick. Und was soll ich sagen, der Mann in dem gutgeschnittenen Anzug, den ich dort sah, mein Spiegelbild, passte irgendwie sehr gut in das Bild, das ich mir als Kind so oft vorgestellt habe. Als würde der Mann, den ich dort im Spiegel sah, das Leben führen, das ich selbst hätte leben sollen. Ich betrachtete mein Spiegelbild. Ich war offensichtlich angekommen. Zumindest wirkte ich so. Es war ein Missverständnis, wenn nicht sogar der Anfang aller Missverständnisse. Aber darum ging es nicht.

Ich wandte mich ab und winkte schnell ein Taxi heran.

PROLETTEN DE LUXE

Vor einigen Monaten begrüßte mich eine außergewöhnlich attraktive Frau namens Sabina an einem sonnenbeschienenen Samstagabend bei unserem ersten Rendezvous mit einer Verabschiedung.

Klingt das nicht ein wenig paradox, denken jetzt vermutlich leicht beunruhigt die Stilistiker unter Ihnen. Und ich muss Ihnen zustimmen. Das ist schon richtig. Zumindest, wenn man die Umstände nicht kennt. Also warten wir es kurz ab.

Man hat ja immer diese Vorstellungen, bevor man sich mit attraktiven Frauen zu einer ersten Verabredung trifft. Man projiziert ein Bild auf deren Attraktivität. Ein Bild, das den eigenen Vorstellungen von jemandem, der gut zu einem passt, sehr nahekommt. Das ist ganz natürlich. Selbstverständlich weiß man, dass zwischen diesem Idealbild und der Wirklichkeit eine gewisse Diskrepanz besteht. Allerdings weiß man auch, dass einem dieser Umstand weitestgehend egal ist, wenn man sich auf das erste Rendezvous mit einer attraktiven Frau freut. Was soll ich sagen, mir ging es nicht anders. Ich hatte das Bild eines angenehmen Abends vor Augen. Ein wenig Wein, ein kultiviertes Gespräch, diese Dinge. Ich hatte für diesen angenehmen und inspirierenden Abend ein ziemlich teures Restaurant ausgesucht. Ein Restaurant, von dem ich ausging, dass es zu diesem Abend passte. Ich kam sogar ein wenig zu früh, um in Ruhe einen geeigneten Wein für unser Treffen auswählen zu können.

Dann kam Sabina. Sie winkte schon von weitem. Als sie an den Tisch trat, erhob ich mich, um sie zu umarmen. Sie zog ihre Jacke aus, legte sie über ihre Stuhllehne und sagte: «Mann, ist dir ooch so heiß? Ick schwitze wie ein Arsch!»

Ach? Wie aufschlussreich. Vielen Dank für diese Information.

Manche Dinge passen einfach nicht zusammen. Attraktive Frauen, Frauen mit einer gewissen Eleganz und Sätze auf diesem sprachlich außergewöhnlich ausgearbeiteten Niveau gehören dazu. Sabina hatte sich gut eingeführt. Ein bisschen zu gut für meinen Geschmack. Bereits nach zehn Sekunden passten Idealbild und Wirklichkeit nicht mehr aufeinander. Das war Rekord. Ich schob den Gedanken an eine Umarmung erst einmal beiseite und setzte mich schnell wieder hin. Ich muss dazu sagen, dass Sabina den Satz «Ick schwitze wie ein Arsch» sehr akzentuiert aussprach. Sie gab ihm, wenn man so will, den einen oder anderen äußerst saftigen Akzent.

Ich ahnte, was da jetzt auf mich zukam. Sabina hatte geschafft, die ersten Sätze unseres Treffens zu den ersten Sätzen unserer Verabschiedung zu machen. Es würde ein langer Abschied werden. Ich warf einen hilflosen Blick auf meine Uhr und stieg in Gedanken schon mal auf Wodka um. Dann winkte ich ein wenig verzweifelt die Kellnerin heran.

Ich hatte das Interesse verloren. Und da ich auch nicht unbedingt daran interessiert war, mit einer Frau wie Sabina irgendeine Art bizarres Freundschaftsverhältnis aufzubauen, hätte ich jetzt gehen können. Für solche Fälle gibt es ja Notfallpläne. Allerdings bin ich irgendwie nicht der Typ für Notfallpläne. Ich sitze es aus. Leider sitze ich es in letzter Zeit öfter mal aus.

Denn Dinge dieser Art kommen in meinem Leben inzwischen bedauerlicherweise häufiger vor.

Im letzten Frühling hatte ich eine Affäre mit Daniela. Auch Daniela ist eine attraktive Frau. Ich übernachtete hin und wieder bei ihr. In einer dieser Nächte hatte Daniela Magenschmerzen. Sie wälzte sich stundenlang hin und her. Wir kamen nicht zur Ruhe. Irgendwann schliefen wir dann doch erschöpft ein. Als ich am nächsten Morgen erwachte, lag ich allein im Bett. Aus der Küche hörte ich undeutliche Geräusche. Ich setzte mich auf und rief ihren Namen. Kurz darauf betrat sie das Zimmer.

«Und?», fragte ich, «geht's deinem Magen wieder besser?»

«Ja», entgegnete sie gutgelaunt, «ich war gerade kacken.»

Sie schlüpfte wieder ins Bett und schmiegte sich an mich. Ich sah mit starrem Blick zur Decke. Irgendetwas passte hier ganz und gar nicht. Irgendetwas hatte hier gerade wie eine Verabschiedung geklungen. Um mein Gefühl in diesem Augenblick ein wenig prägnanter zu illustrieren, gehen wir jetzt doch einfach noch einen Schritt weiter. Wir überhöhen die Situation, indem wir ihr eine Prise dieses großartigen Gefühls hinzufügen, das wir Liebe nennen. Wir legen also einen Romantik-Filter über diesen Text.

Liebe Leser, jetzt ist wohl angebracht, sich möglichst bequem hinzusetzen.

Nachdem ich geduscht hatte, kehrte ich ins Schlafzimmer zurück. Daniela lag auf dem Bett, ich beugte mich zu ihr hinab und gab ihr einen leichten Kuss auf die Wange. Meine Lippen berührten sie kaum. Ich spürte ihren Atem auf meiner Haut und fühlte mich auf eine angenehme Art verletzlich. Mit einem zufriedenen Laut zog sie mich zu sich aufs Bett. Ich lag neben ihr und betrachtete ihr Gesicht. Ihr Gesicht war wie die Erinnerung an etwas Verlorenes, fast Vergessenes. Wir würden uns verstehen, unkompliziert miteinander umgehen. In unseren Gesprächen würde es keine unangenehmen Pausen geben. Daniela lächelte, und auf ihren Wangen, kurz hinter ihren Mundwinkeln, zeigten sich zaghafte Grübchen. Auf ihrer blassen, fast weißen Haut zeichneten sich leichte Sommersprossen ab. Ich betrachtete sie und dachte nichts, ich ließ ihre Schönheit auf mich wirken. Ich strich ihr behutsam eine Haarsträhne aus der Stirn. Sie schlug die Augen auf und betrachtete mich liebevoll. Dann sagte sie mit einem Lächeln: «Ich glaube, ich geh jetzt erst mal so richtig schön abscheißen.»

O Gott!

Ich weiß nicht, woran es liegt, aber aus irgendeinem Grund scheine ich Frauen dieser Art anzuziehen. Vielleicht besitze ich ein Talent, von dem ich bisher gar nicht wusste, dass es mir so uneingeschränkt zur Verfügung steht. Die nicht unbedingt vorteilhafte Begabung, die Prolette in attraktiven Frauen wachzuküssen. Vielleicht bin ich eine Art Auslöser. Manchmal komme ich mir vor, als wäre ich in eines dieser Märchen geraten, in denen nur ein Kuss genügt, um aus einem Frosch einen Prinzen zu machen. In meinem Fall ist es gewissermaßen eine umgekehrte Mechanik. Die tragische Variante.

Aber vielleicht habe ich da auch etwas falsch verstanden. Unter Umständen sind solche Äußerungen ja auch als Kompliment zu verstehen. Wenn man sich wohlfühlt, lässt man sich gehen. Demnach scheinen sich in meiner Gegenwart einige Frauen *sehr* wohl zu fühlen. Insofern müsste ich mich geschmeichelt fühlen. Man muss wohl nur bereit sein, sich auf Komplimente dieser Art einzulassen.

Ein guter Freund wirft mir häufig vor, aufgrund solcher Kleinigkeiten auffallend schnell das Interesse an Frauen zu verlieren. «Du darfst nicht immer nur die Fehler sehen. Du musst auch mal versuchen, dich auf die Frau einzulassen», sagt er in diesen Gesprächen immer wieder. Ich bin mir allerdings nicht sicher, ob ich das möchte. Denn ich habe das Gefühl, diese «Kleinigkeiten» würden etwas vorwegnehmen. Beispielsweise einen gemeinsamen Alltag.

Einige kennen sicherlich diese Vertrautheit, die sich im Laufe einer längeren Beziehung entwickeln kann. Eine Vertrautheit, die irgendwie in die falsche Richtung läuft. Kürzlich erzählte mir ein Bekannter von einem Erlebnis, das ihn derzeit sehr beschäftigte. Es geschah an einem Wochenende. An einem Sonntagmorgen. Er war gerade im Bad und putzte sich die Zähne. Seine Freundin betrat das Badezimmer und gab ihm einen liebevollen Kuss auf die Schulter. Dann fuhr er fort, sich die Zähne zu putzen. Irgendwann stellte er fest, dass es irgendwie unangenehm roch. Ein Geruch, dem man eigentlich nicht ausgesetzt sein möchte, wenn man sich gerade die Zähne putzt. Er wandte sich um. Seine Freundin saß mit angestrengtem, hochrotem Gesicht auf der Toilette und – um es hier mal in der ausnehmend sensiblen Rhetorik von Daniela zu formulieren – sie kackte. Solche Frauen lassen die Badezimmertür geöffnet, wenn sie auf Toilette gehen. Auch beim Abführen. Damit man sich besser unterhalten kann.

Willkommen im Leben.

Genau diese Worte dachte ich auch vor zwei Wochen, als eine Frau bei unserer zweiten Verabredung in angenehmem Plauderton erwähnte, dass sie zwei Jahre in der Kameradschaft Germania aktiv war. Ich lachte. Es war natürlich nur ein Scherz. Es konnte schließlich nur ein Scherz sein!

Es war kein Scherz. Es war eine Verabschiedung. Ich ließ mein Bier stehen und bestellte schnell einen Mai Tai. Ich wusste, dass es nicht bei einem bleiben würde. Ich würde es aussitzen. Es würde wohl wieder einer dieser langen Abschiede werden.

«NICHTS ÜBER ZWANZIG»

Vor einigen Tagen deutete mir einer meiner Bekannten in einem langen, sensiblen Gespräch ein wenig hilflos an, dass in seinem Leben die Dinge gerade aus dem Ruder liefen. Sie entgleisten gewissermaßen – vornehmlich in sexueller Hinsicht. Und schuld daran war – jetzt ist es Zeit für eine Kunstpause, auch um die Spannung ein wenig zu erhöhen –, schuld daran war MySpace!

Mein Bekannter, den ich hier mal als Meister der metaphorischen Formulierung bezeichnen möchte, war erst seit einigen Wochen bei MySpace. Einige Wochen können eine ziemlich lange Zeit sein, denn mein Bekannter schilderte mir mit brüchiger Stimme, dass sich sein Alltag gerade sehr treffend mit der Schlussszene des Films *Das Parfum* skizzieren ließ.

Vorsichtshalber nickte ich ihm verständnisvoll zu, obwohl ich gestehen muss, den Film nie gesehen zu haben. Es liegt wohl daran, dass ich mir ungern Literaturverfilmungen ansehe. Zumindest Verfilmungen von Romanen, die ich bereits gelesen habe. Solche Verfilmungen wirken auf mich immer unfertig. Immer fehlt irgendwie etwas. Und dann kommt schon die nächste Szene. Solche Filme wirken immer gekürzt. An den falschen Stellen gekürzt.

Allerdings habe ich, wie vielleicht der eine oder andere den subtilen Andeutungen im letzten Absatz entnommen hat,

Patrick Süskinds Roman gelesen. Und dieser glückliche Umstand gibt uns jetzt die wundervolle Möglichkeit, gemeinsam auf eine Reise zu gehen. Auf eine Reise in die Welt der Literatur. Auch um das Gleichnis meines Bekannten um eine weitere, vielleicht sogar tiefere Komponente zu bereichern.

Obwohl der Roman sicherlich den meisten ein Begriff sein dürfte, sehen wir uns dessen letzte Szene doch noch einmal genauer an. Auch um die emotionale Verfassung und die offensichtlich äußerst realitätsnahe Selbstwahrnehmung meines Bekannten ein wenig nachvollziehbarer zu illustrieren.

Wie wir ja alle wissen, kreiert der Protagonist des Buches, Jean-Baptiste Grenouille, in *Das Parfum* den perfekten Duft. Einen Duft, der seinem Träger eine unwiderstehliche Anziehungskraft verleiht. Mit anderen Worten, wer nur einige Tropfen dieses Parfums trägt, wird geliebt. Dosiert man diesen Duft allerdings ein wenig höher, können die Dinge schon mal aus dem Ruder laufen. Eine leichte Überdosierung löst in einem Kapitel des Romans eine ausufernde Orgie aus, an der Tausende Menschen teilnehmen.

So emotional abgestumpft die Figur Grenouille auch ist, sie will wahrgenommen werden. Sie will geliebt werden. Als Grenouille jedoch erkennt, dass er die Menschen verachtet, die ihn aufgrund der Aura, die ihm sein Parfum verleiht, so bedingungslos lieben, sieht er keinen Grund mehr zu leben. Er begibt sich an den Ort seiner Geburt, einen Pariser Fischmarkt, auf dem sich in den Nächten der Abschaum der Stadt versammelt, und überschüttet sich mit dem Parfum. Auf einer Art mystisch-sakralem Opfergang leert Grenouille den gesamten Flakon über sich aus und schenkt damit den Mördern,

Prostituierten und Obdachlosen von Paris den Höhepunkt ihres Lebens.

Durch diesen absoluten Duft nehmen sie ihn als eine Art überirdisches Wesen wahr, als einen vom Himmel herabgestiegenen Engel. Sie sind zum ersten Mal in ihrem Leben glücklich. Und sie wollen ihn lieben. Mehr noch, sie wollen ihn besitzen. Ohne Rücksicht auf Verluste. Die Mörder, Prostituierten und Obdachlosen von Paris stürzen sich auf Grenouille und zerfleischen ihn. Sie fressen ihn auf. Der Roman endet mit den Worten: «Sie hatten zum ersten Mal etwas aus Liebe getan.»

So.

Ein beeindruckendes Bild, nicht wahr? Ein Bild, das schon Erstaunliches über die Selbstwahrnehmung meines Bekannten aussagt. Er befand sich demnach auf seinem ganz persönlichen mystisch-sakralen Opfergang. Der Mann hatte ein Problem. Wahrscheinlich konnte er inzwischen nicht einmal mehr seine Wohnung verlassen. Jetzt verstand ich auch, warum er nachts häufig eine Sonnenbrille trug. Ich konnte die Verzweiflung meines Bekannten verstehen. MySpace hatte die Kontrolle übernommen.

Wie kam man da jetzt wieder raus?

Es ist natürlich auch interessant, die Erfahrungen des Jean-Baptiste Grenouille meines Bekanntenkreises unter soziologischen Aspekten zu betrachten. Offenbar hatten Tausende Frauen in ganz Deutschland tagtäglich ernstzunehmende Ausfallerscheinungen. Ausfallerscheinungen, während der sie zu sexhungrigen, naturgeilen Über-Schlampen mutierten. Zu Frauen mit einer nicht ungefährlichen Eigeninitiative. Mein

Bekannter schien in diesen Dingen ja eine geeignete Projektionsfläche zu sein. Und durch MySpace hatten sie jetzt Zugriff auf ihn. Sie wollten ihn. Sie jagten ihn. Er wurde gewissermaßen von ihnen gerissen. Ein Leben wie ein Pornofilm. Man möchte gar nicht darüber nachdenken.

Mein Bekannter hat natürlich versucht, die Dinge einzudämmen. Und zwar mit einem überaus folgerichtigen Ansatz.

«Ick nehm jetzt nüscht mehr über zwanzig», erläuterte er mir den großen Zusammenhang, «die sind zwar nicht straßentauglich, weil sie die janze Zeit nur Scheiße reden, aber die sind noch so frisch. Wenn du denen ein Zwei-Euro-Stück uff'n Hintern wirfst, kommt dit doch doppelt so schnell zurückjeflogen.»

Aha. Ich wich einige Zentimeter zurück.

Nichts über zwanzig also. Daran musste ich denken, als ich mich kürzlich nach einer meiner Lesungen mit einer Frau namens Eva unterhielt. «Unterhielt» ist vielleicht das falsche Wort, denn während dieser «Unterhaltung» sprach ich nicht sehr viel. Eva redete. Und hörte nicht mehr auf. Und auch die Tendenz unserer «Unterhaltung» beunruhigte mich ein wenig. Eva erwähnte häufig, dass wir «nachher noch zu dir» gehen würden. Sie fragte es nicht. Sie setzte es voraus.

Dann sagte Eva in einem offensichtlich überaus selbstkritischen Moment: «Ach, entschuldige, ich weiß, ich rede immer ein bisschen zu viel. Aber wenn wir dann nachher bei dir sind und ich dir zu viel rede, steck mir doch einfach deinen Schwanz in den Mund.»

Oh.

Sie sagte es mit einem offenen, herzlichen Lächeln. Mit einem Gesichtsausdruck, als hätte sie nach langer Zeit einen sehr guten alten Freund wiedergetroffen. Es war mir unangenehm. Um etwas Zeit zu gewinnen, sah ich mich kurz um. Womöglich war ja der Jean-Baptiste Grenouille meines Bekanntenkreises in der Nähe. Vielleicht strahlte seine Aura irgendwie auf mich ab. Aber Jean-Baptiste war nicht da.

Dann fiel mir dessen elegante «Nüscht über zwanzig»-Attitüde ein. Eva fiel ja sozusagen durch das Raster dieser Philosophie. Vielleicht war das ein Ansatz.

Eva wollte noch etwas sagen, doch ich hatte mich schon abgewendet. Ich sah sie nicht mehr. Sie war nicht mehr da. Sie existierte nicht mehr.

Es war kein schlechtes Gefühl.

SALMA HAYEK
UND ICH

Als ich mich am Sonntag mit meinem Bekannten Hendrik in einem Restaurant in Friedrichshain traf, gab er schon nach kurzer Zeit sehr unvermittelt der Kellnerin ein Zeichen, verlangte die Rechnung und sagte mit einem geradezu weltmännischen Unterton: «Heute Abend kann ich nicht so lange. Ich muss morgen pünktlich in der Agentur sein.»

In der Agentur? Ich war irritiert. Offensichtlich war ich über Hendriks Leben wesentlich unzureichender informiert, als ich annahm. Bisher war ich davon ausgegangen, dass er sich in einer eher orientierungslosen Phase seines Lebens befand. Er hatte sich vor einigen Monaten arbeitslos gemeldet, um die Zeit bis zum Beginn seines Studiums zu überbrücken. Ein Studiengang, bei dem er sich nicht einmal sicher war, ob er ihn überhaupt belegen wollte. Er befand sich also in einer eher abwartenden Lebensphase. Zumindest hatte ich das angenommen. Jetzt befand er sich offensichtlich in der Situation, Sätze, in denen das Wort «Agentur» vorkommt, so routiniert auszusprechen, als würde ohne ihn dort gar nichts laufen. In seinem Leben überschlugen sich offenbar die Ereignisse – und ich hatte nichts davon mitbekommen.

Hendrik sagte: «Ick muss morgen um acht in der Agentur sein. Pünktlich.»

Als ich ihm einen fragenden und wohl auch ziemlich verwirrten Blick zuwarf, fügte er mit einem gütigen Unterton hinzu: «Mensch Micha, in der Agentur für Arbeit.»

Ach. In der Agentur.

In diesem Moment begriff ich, dass Hendrik weiter war als ich. Er hatte einen Vorsprung. Einen Vorsprung, den ich wohl nicht mehr einholen kann. Ich arbeite schon seit ziemlich langer Zeit in Werbeagenturen. Wenn ich gefragt werde, was ich beruflich mache, versuche ich das Wort «Agentur» zu vermeiden, was, um ehrlich zu sein, gewisse Schwierigkeiten mit sich bringt, meinen Beruf zu beschreiben. «Agentur» klingt für mich jedoch immer ein wenig aufgesetzt, in gewisser Weise affektiert. Immer irgendwie unpassend. Ich versuche schon seit einigen Jahren, es mir anzugewöhnen. Es fällt mir nicht immer leicht. Hendrik scheint darüber hinaus zu sein.

Mein ehemaliger Kollege Markus ist ebenfalls Werber. Auch er ist weiter als ich. Wenn man es aus einer rhetorisch-ästhetischen Perspektive betrachtet. Markus benutzt nämlich vorwiegend Begriffe aus dem betriebswirtschaftlichen Bereich, wenn er seinen Alltag beschreibt. Es klingt immer ein wenig, als würde er Vertragsverhandlungen führen, wenn er über sein Privatleben spricht. Das fällt natürlich vor allem auf, wenn es sich um Themen aus dem zwischenmenschlichen Bereich handelt.

Seit einiger Zeit traf sich Markus in regelmäßigen Abständen mit einer Frau namens Kathrin. Dates mit Kathrin bezeichnete Markus überaus adäquat als «Termine». Obwohl sie inzwischen häufig miteinander schliefen, hatte Markus irgendwie den Eindruck, sie würden nicht zusammenpassen. Sie waren, wie er es formulierte, «sozial inkompatibel». Da Kathrin jedoch der Ansicht war, sie wären sozial außerordentlich kompatibel, hatte Markus inzwischen natürlich ein Problem, oder, um es mit seinen Worten zu sagen: Es bestand «ein klassischer Zielkonflikt».

Klassische Zielkonflikte mit einer Tendenz zu sozialer Inkompatibilität! Aus irgendeinem Grund muss ich, wenn Markus mir von seinen emotionalen Höhen und Tiefen berichtet, an meine Exfreundin Sarah denken. Vielleicht weil sie gewissermaßen einen Gegenpol besetzt.

Wenn ich mich mit Sarah unterhalte, kommt mir mein Leben schnell ziemlich ereignislos vor. Sarah erlebt immer etwas. Und vorzugsweise erlebt sie Dinge, über die sie sich aufregt. Es ist also ein eher problemorientiertes Erleben. Sarahs Alltag lässt sich ziemlich treffend mit diesen überaus sensiblen Phasen in Beziehungen vergleichen, die jedem bekannt sind. Nennen wir sie mal die Problematisierungsphasen. In den einen Beziehungen kommen sie früher, in den anderen später. Man kann sich jedoch sicher sein: Irgendwann kommen sie bestimmt. Es sind Phasen, in denen Dinge problematisiert werden, die im Grunde genommen keinerlei Anlass für ein Problem darstellen. Ausgiebig erörterte Probleme, die aus unbedeutenden Anlässen entstehen, aus belanglosen Missverständnissen. Bei meiner Exfreundin hatte ich jedoch hin und wieder das Gefühl, sie sei der Ansicht, Probleme dieser Art wären ein geeignetes Mittel, um unsere Beziehung aufregender zu gestalten. Sarah benutzte gern den Begriff «intensiv», wenn sie unsere Beziehung beschrieb. Und so ungefähr muss man sich den Alltag meiner Exfreundin vorstellen. Intensiv.

Als wir noch zusammen waren, blätterten wir an einem

sonnigen Sonntagmorgen nach dem Frühstück in der neuesten Ausgabe der *Gala*. Wir lasen uns lachend die amüsanten *Gala*-Neuigkeiten vor. Es versprach ein angenehmer, harmonischer Tag zu werden. Als wir zu einer Doppelseite kamen, auf der viele Fotos verschiedener Schauspielerinnen zu sehen waren, fragte mich meine Freundin leichthin, welche der Frauen mir denn am ehesten gefallen würde. Ich betrachtete die Fotografien. Dann machte ich einen nicht unerheblichen Fehler. Ich wich Sarahs Frage nicht aus. Ich beantwortete sie. Ich entschied mich für Salma Hayek.

«Salma Hayek?»

Sarah sprach den Namen der Schauspielerin sehr deutlich aus.

«Die kleine dicke Salma Hayek? Weißt du, wie groß Salma Hayek ist? 1,57. Weißt du, wie Salma Hayek mit ungezupften Augenbrauen aussieht?» Meine Freundin erhob sich und sah mich anklagend an: «Was findest du an Salma Hayek?»

Sarah wirkte, als wäre sie kurz davor, ein Diktiergerät auf den Küchentisch zu stellen, um meine Antworten mitzuschneiden. Der sonnenbeschienene harmonische Sonntag schien sich immer weiter zu entfernen.

Hätte ein unbeteiligter Dritter unsere Diskussion der nächsten drei Stunden verfolgt, wäre er wohl zu dem Schluss gekommen, Salma Hayek würde zu unserem engeren Freundeskreis gehören. Sarah sprach über die Schauspielerin, als wäre sie in Reichweite. Ein Ansatz, auf den ich mich erst einmal einstellen musste.

Vor lauter Aufregung fiel meiner Freundin gar nicht auf, dass sie sich bei der Entwicklung ihrer Argumentationskette bereits mehrere Male widersprochen hatte. Als ich sie behutsam darauf hinwies, sah Sarah mich kurz irritiert an. Dann sagte sie sehr bestimmt einen überaus bemerkenswerten Satz. Sie sagte: «Michael! Ich habe nicht gedacht!»

Man merkt: Auch Sarah war weiter als ich. Wesentlich weiter.

Eine halbe Stunde später versuchte ich es. Ich versuchte, die Dinge aus Sarahs Problemhorizont zu betrachten. Sie zu verinnerlichen. Und auch so zu argumentieren. Als ich das Gefühl hatte, so weit zu sein, sagte ich: «Sarah, sieh die Dinge doch einmal realistisch – wenn ich auf Salma Hayek stehen würde, wäre ich schließlich mit ihr zusammen.»

Ein herrlicher Satz! Ein Satz, der funktionierte. Erschreckenderweise.

Hin und wieder denke ich darüber nach, Sarah und Markus einander vorzustellen. Es wäre sicherlich eine interessante Konstellation. Wir könnten uns in dem Restaurant meines Freundes Cristiano treffen. Wenn Salma Hayek in der Stadt wäre, würde sie sicherlich auch vorbeischauen, obwohl Sarah und Salma ja eigentlich nicht so gut miteinander können. Ich müsste Salma wahrscheinlich noch einmal sehr einfühlsam erklären, warum wir sozial leider nicht kompatibel sind. Wenn alles gut lief, würden sich die beiden Frauen später bei einer guten Flasche Wein endlich einmal aussprechen. Markus und ich würden sie lächelnd betrachten. Wir würden Edward Norton, der gerade das Restaurant betreten hatte und mit suchendem Blick am Eingang stand, ein Zeichen geben und dann den Kellner heranwinken, um noch zwei weitere Flaschen Wein zu bestellen. Edward würde an unseren Tisch treten, wir würden uns herzlich begrüßen, und er würde sich erkundigen, wie es meiner Mutter ging, mit der er sich ja immer sehr gut verstanden hatte.

Während wir miteinander scherzten und lachten, würde ich wohl auch nicht mehr daran denken, dass ich am nächsten Morgen in die Agentur musste. Pünktlich.

GROUPIES

Kürzlich gab mir ein Freund, der ein ziemlich bekannter Berliner DJ ist, einen, ja, man kann schon sagen, eindrucksvollen Rat. Er sagte: «Du musst sie ficken, um sie zu halten.»

Das trifft jetzt sicherlich manche ein wenig unvorbereitet. Ich muss zugeben, dass es mir ähnlich ging. Obwohl ich den Ausführungen meines Bekannten bereits seit einer knappen Stunde folgte. Ausführungen zu einem Thema, mit dem ich mich bisher, wie er mir versicherte, überaus unzureichend auseinandergesetzt hätte. Das Thema unserer Konversation war der Umgang mit Groupies. Groupies! Ein Thema, das sich aus dem Erfahrungshorizont meines Bekannten wohl am treffendsten mit dem Satz «Du musst sie ficken, um sie zu halten» zusammenfassen ließ.

Mein Bekannter machte eine Kunstpause und sah mich bedeutungsvoll an. Ich überlegte, welcher Gesichtsausdruck der passendsten Reaktion auf seine Aussage am nächsten kam. Es war ja schließlich die Quintessenz seiner Ausführungen. Ein Satz, den er eine Stunde lang rhetorisch vorbereitet hatte. Ich versuchte es mit einem (zugegebenermaßen leicht verunglückten) erstaunten, etwas ungläubigen Blick – und wartete erst einmal ab.

In letzter Zeit geben mir viele Leute Ratschläge, wie ich am besten mit meinen Groupies umzugehen habe. Mir war bisher nicht einmal klar, dass ich überhaupt welche hatte. Zumindest ist es mir nie aufgefallen. In diesem Fall ist es natürlich von

Vorteil, dass Menschen, von denen ich bisher gar nicht wusste, dass sie so umfangreiche Erfahrungen in diesem Bereich gemacht haben, zu meinem Bekanntenkreis zählen.

Vielleicht denken meine Bekannten an den ausgezeichneten Film *Finding Forrester*, in dem Sean Connery einen Schriftsteller spielt, der sich nach seinem sehr bedeutenden Erstling in die Anonymität zurückzieht, weil er mit dem Literaturbetrieb nicht klarkommt. In einer Szene des Films sagt Connery zu einem begabten jungen Autor: «Es gibt eigentlich nur einen Grund, aus dem Lesungen gemacht werden – welcher Grund ist das?» Bevor der junge Mann antworten kann, sagt Connery mit entschiedener Stimme: «Um zu vögeln.»

Irgendwie habe ich da wohl etwas nicht mitbekommen. Zumindest scheinen die zahllosen Sexangebote, die ich offensichtlich tagtäglich erhalte – vor allem natürlich nach meinen Lesungen – in einem Code formuliert zu sein, den eher meine Bekannten entschlüsseln können als ich. Ich bin in diesen Dingen anscheinend eher unbedarft.

Das ist wohl auch der Grund, aus dem es mir früher gewisse Schwierigkeiten bereitete, Frauen kennenzulernen, an denen ich interessiert war. Wenn man zum Beispiel in einem Club Frauen kennenlernt, findet das ja in drei Phasen statt. Zuerst hat man natürlich Blickkontakt, dann spricht man sie an, und dann unterhält man sich miteinander. Die Phase des Blickkontakts und die des weiterführenden Gesprächs waren für mich nie ein ernstzunehmendes Problem. Leider bedingt jedoch die dritte Phase eine erfolgreiche zweite Phase. Die Anmach-Phase. Und diese Phase war zugegebenermaßen ein nicht unwesentliches Hindernis.

Mein Bekannter Sebastian gab mir einmal den Rat, beim Ansprechen einer Frau einfach das Denken auszuschalten. Bei ihm habe das immer sehr gut funktioniert. Ich glaube allerdings, dass ich dafür nicht der richtige Typ bin. Ich gehöre eher zu den Menschen, die in dieser Phase zu viel nachdenken. Zu viel abwägen. Sich zu viele Fragen stellen. Was sind die richtigen Worte? Ist es vorteilhaft, das Gespräch mit einer Frage zu beginnen? Oder eher mit einer Feststellung? Schließlich weiß man ja, wie sehr der erste Eindruck zählt. Man will es nicht versauen. Gerade in einem Club, in dem die Musik sehr laut sein kann und man seine so sorgsam zurechtgelegten Worte mehr oder weniger brüllen muss. Nichts ist schlimmer als ein «Was hast du gesagt? Ich hab dich nicht verstanden», wenn man eine Frau anspricht.

Es gibt natürlich diese Regel, nach der es im Grunde genommen egal ist, was man sagt, wenn man der Frau erst einmal sympathisch ist. Ich bin mir allerdings nicht sicher, ob diese Regel zutrifft. Der eher umschreibende Satz: «Ich bin leider zu betrunken, um dich originell anzusprechen» ist da sicherlich ein gutes Beispiel.

Man könnte sich natürlich auch romantisch einführen. Romantik wirkt bei Frauen ja immer. Man könnte sagen: «Dein Vater muss ein Dieb sein – er hat zwei Sterne vom Himmel gestohlen und sie dir in die Augen gelegt.» Eine, nennen wir es mal rhetorische Offensive, die als ziemlich beliebt gilt, wie mir bereits einige Frauen meines Bekanntenkreises ein wenig unangenehm berührt versichert haben. Wenn ich jetzt darüber nachdenke, könnte ein solcher Satz allerdings mit dem nötigen ironischen Unterton gar nicht so unsympathisch wirken. Vielleicht sollte ich es bei Gelegenheit einmal ausprobieren.

Moment mal! Ich habe ja ganz vergessen, wer ich bin. Ich muss ja inzwischen keine Frauen mehr ansprechen. Diese Zeiten sind vorbei. Ich habe schließlich Groupies. Und wenn man Groupies hat, überspringt man die zweite Phase. Inzwischen existiert die Anmach-Phase für mich praktisch nicht mehr.

Da geht es mir ähnlich wie meinem Bekannten Oliver Korittke. Oliver besitzt einen entscheidenden Vorteil, wenn es um das Kennenlernen von Frauen geht: Er ist Oliver Korittke. Er wird angesprochen. Er muss sich keine Gedanken darüber machen, die richtigen Worten zu finden. Wenn mir Oliver jedoch hin und wieder erzählt, auf welche Art er angesprochen wird, drängt sich der Gedanke auf, dass sich auch einige der Frauen, die ihn ansprechen, nicht allzu viele Gedanken darüber zu machen scheinen.

Das klingt dann ungefähr so: «Hiiiiiiiiiiii! Sorry, dass ich dich jetzt einfach so anspreche. Aber weißt du, ich bin ein total offener Mensch, darum sag ich dir total direkt, dass ich jetzt total gerne mit dir schlafen würde.»

Ach?

Oliver ist ein Mensch, der in solchen Fällen freundlich nickt und wartet, bis sich diese offenen und direkten Menschen zum Beispiel wieder an die Bar zurückziehen. Menschen, die häufig davon ausgehen, er wäre im Ruhrgebiet aufgewachsen, weil der Film *Bang Boom Bang* dort spielt. Er sitzt es aus. Ihm ist natürlich klar, dass es nicht um ihn geht. Es ist eine Art Trophäen-Denken. Es geht weniger darum, ihn als Menschen kennenzulernen. Es geht darum, eine Geschichte erzählen zu können. Eine Anekdote, in der ein bekannter deutscher Schauspieler auftaucht.

Mein Groupie-Bekannter sah mich noch immer mit einem bedeutungsvollen Blick an, in den sich jetzt auch eine abwartende Tendenz mischte. Jetzt musste ich wohl etwas sagen.

Ich warf meinem Bekannten einen verständnisvollen Blick zu. Dann fragte ich: «Wie geht es eigentlich deiner Freundin?»

DIE NACHT DER NÄCHTE

Dieser Text beginnt mit einem Fehler. Ein Fehler, der zunächst unscheinbar wirkt, weil er nur aus zwei Buchstaben besteht. Aus einem «J» und einem «A». Nur ein kurzes Wort. Ich habe es letzten Samstag benutzt. In einem Gespräch mit Patrick. Das Wörtchen «Ja» und ein Gespräch mit Patrick. Beides kann ein Fehler sein.

Patrick stammt ursprünglich aus Köln, lebt aber schon seit einigen Jahren in Berlin. Er fährt Porsche und trägt gern Krokodillederschuhe. Unvoreingenommen betrachtet ist Patrick auf eine Art sympathisch, auf die Florian Silbereisen wahrscheinlich älteren Damen als idealer Schwiegersohn sympathisch erscheint. Die meisten Männer, die ich über Patrick kennenlerne, wirken, als würden sie äußerst intensiv eine Sportart betreiben, die ihnen nicht gut bekommt. Auf die Frauen seines Bekanntenkreises trifft im Grunde genommen das Gleiche zu, nur bin ich mir nicht sicher, ob es zulässig ist, übermäßiges Frequentieren von Solarien als Sportart zu bezeichnen.

Hin und wieder brilliert Patrick mit Sätzen wie «Ein Porsche ist im Grunde genommen das billigste Auto, das man fahren kann», oder er lässt in Gesprächen mit Frauen so charmante Bemerkungen fallen wie «Aber ungebumst gehst du doch heute auch nicht nach Hause». Trotz solcher, sagen wir mal, moralischen Entgleisungen mag ich Patrick irgendwie.

Wenn Patrick mich an frühen Samstagabenden anruft, gehört es gewissermaßen zum Ritual, mir nach unserer Begrüßung erst einmal gut gelaunt aufzuzählen, wie viele Drinks er bereits zu sich genommen hat. An diesem Abend waren es vier Wodka-Red Bull, zwei Corona und eine halbe Flasche Prosecco. Demnach war er schon jetzt für die, wie er sich ausdrückte, «minderjährigen nymphomanischen Top-Models» präpariert, die er heute Abend kennenzulernen hoffte.

Er erzählte mir, dass er sich seit einiger Zeit mit einer Frau namens Maren traf, die «der absolute Oberhammer» wäre. Heute Abend war er mit Maren und ihren Freundinnen verabredet und erkundigte sich, ob ich nicht Lust hätte mitzukommen. Da ich, wie man sich sicherlich denken kann, eine ungefähre Vorstellung hatte, mit welcher Art Frauen Patrick im Allgemeinen ausgeht, war ich anfangs ein wenig skeptisch. Patrick besitzt allerdings ein Talent, das Talent der Überredungskunst. Ein Talent, das er einsetzte. Er benötigte nicht einmal eine halbe Stunde, um mir ein glaubwürdiges Bild eines kultivierten Abends mit einigen äußerst gebildeten Germanistikstudentinnen zu vermitteln. Mit Frauen, um die es sich zu kämpfen lohnt.

Patrick hatte es geschafft.

Ich sagte: «Ja.»

Wir verabredeten uns in einer Bar in der Auguststraße, dem Lining, einer Bar, die eher zu Patrick passt als zu mir. Was ich allerdings noch nicht in diesem Ausmaß ahnte, war, wie fremd sich die beiden Welten waren, die an diesem Abend aufeinandertreffen würden. Ich repräsentierte die eine Welt. Die Repräsentanten der anderen Welt waren blond, oder um es etwas präziser auszudrücken, stark blondiert. Sie sahen sich sehr ähnlich. Und sie waren zu viert. Meine Welt befand sich also in der Unterzahl, oder, wenn man so will, in der Defensive.

Sie hießen Maren, Anja, Anna und Sandra. Die Namen Cindy, Mandy, Chantal und Sandy hätten allerdings auch gepasst. Als sie dann anfingen zu reden, passten diese sogar besser als ihre wirklichen Namen. Sie waren in Berlin aufgewachsen, in Ost-Berlin, genauso wie ich. Das hätte gegebenenfalls ein Ansatz sein können. Nun ja, gegebenenfalls.

Nachdem wir uns begrüßt hatten, zog sich Patrick erst einmal mit Mandy an die Bar zurück. Ich fühlte mich ein wenig im Stich gelassen. Patrick war ja irgendwie mein Ansprechpartner, in gewisser Weise auch der Moderator zwischen den Welten. Ich betrachtete die Frauen, die sich gerade kichernd Fotos auf ihren Handys ansahen, und fühlte mich zurückgelassen. Dann blickte ich mich unauffällig um, in der Hoffnung, niemanden zu sehen, den ich kannte.

Es gibt ja verschiedene Formen des Berlinerns. Ich zum Beispiel benutze häufig die Worte «ick» und auch «dit», spreche ansonsten jedoch ziemlich hochdeutsch. Es gibt jedoch auch aggressivere Varianten. In einer dieser Varianten artikulierten sich auch die Frauen, mit denen ich mich gerade im Lining aufhielt. Eine Variante der Bauernschläue. Eine Variante, in der Sätze wie «Ick hab dir doch jesacht, damit dit nich jeht» vorkommen. Nun gut, so schlimm war es dann doch nicht. Es wäre wohl auch ein wenig unfair, Cindy, Chantal und Sandy einen Sechste-Klasse-Abschluss zu unterstellen.

Cindy stellte im Laufe des Abends fest, dass etwas mit meiner Haut nicht stimmen würde, ich sähe irgendwie krank aus. Verunsichert berührte ich meine rechte Wange.

«Wann warste denn dit letzte Mal im Solarium?» Solarium? Zum letzten Mal?

Jetzt ist es wohl Zeit für ein Geständnis: Ich gehöre zu einer Randgruppe. Und zwar zu jener Randgruppe von Menschen, die in ihrem Leben noch kein Solarium aufgesucht haben. Ich überlegte, was für ein Bild Cindy nach einem solchen Geständnis von mir haben würde. Cindy, die offensichtlich einen Großteil ihrer Mittagspausen in Sonnenstudios verbrachte.

Als Cindy, Mandy, Chantal und Sandy auf der Toilette verschwanden, um sich nachzuschminken, nutzte Patrick die Gelegenheit, mir etwas überaus Essentielles mitzuteilen: «Letzte Woche hab ich jeden Tag gebumst.»

Aha. Wie interessant.

Wie reagiert man auf einen solchen Satz? Ich bin mir nicht ganz sicher. Vorsichtshalber antwortete ich nicht. Ich ließ den Satz im Raum stehen und hoffte, dass die Gäste in unserer unmittelbaren Umgebung nichts mitbekommen hatten. Ich muss hinzufügen, dass Patrick das Wort «bumsen» ausspricht, als würde es mit einem langen «M» und einem sehr weichen «S» geschrieben. So, wie dieses Wort in deutschen Erotikfilmen der siebziger Jahre ausgesprochen wurde.

Als die Frauen zurückkehrten, zahlten wir und gingen ins Rodeo. Ich mag den Club, weil er sich in der imposanten Kuppelhalle des ehemaligen Postfuhramtes in der Oranienburger Straße befindet. Eine großartige Kulisse. Demzufolge bin ich dort häufiger anzutreffen. Und nicht nur ich.

Als ich vor einiger Zeit mit Freunden im Rodeo war, lernte ich einen Mann kennen, der ständig davon erzählte, dass er demnächst in München irgendwelche Termine habe, und mir zunächst durch seine eher ungewöhnliche Frisur auffiel. Dieser Mann war Wayne Carpendale. Wayne Carpendale ist der Sohn des Sängers Howard Carpendale. Er ist also mit Liedern aufgewachsen, die «Das schöne Mädchen von Seite eins» und «Morgen früh wirst du gehn» heißen. Vielleicht hat ihn das geprägt. Zumindest verhielt er sich so.

Bertolt Brecht hat die Menschen, auf die er traf, in zwei Gruppen eingeteilt: in die, mit denen er reden, und in die, mit denen er nicht reden würde. Wayne Carpendale, der sicherlich vielen aus Filmen wie *Im Tal der wilden Rosen: Ritt ins Glück* oder der Serie *Sturm der Liebe* (also Produktionen, die zu seiner Frisur passen) ein Begriff sein dürfte, schien es an diesem Abend ähnlich zu gehen wie Bertolt Brecht. Mit dem Unterschied, dass seine Kategorien unterteilten, mit wem er in dieser Nacht schlafen würde und mit wem nicht.

Ich überlegte kurz, das Gespräch auf Brecht zu bringen. Brecht hatte die Eigenart, jeder Frau, mit der er eine Affäre hatte, ein Kleid zu schenken. Nun, so eigenartig ist das nicht, mag jetzt mancher denken. Aber die Geschichte ist noch nicht zu Ende. Brecht schenkte allen Frauen das gleiche Kleid. Und er legte auch Wert darauf, dass sie es trugen. Er uniformierte seine Liebschaften. Er schuf sich sozusagen eine Armee. Eine Geschichte, die schon sehr viel über den Menschen Brecht aussagt. Ich erzählte sie Wayne dann doch nicht, obwohl ich ihn als jemanden einschätzte, dem ein solcher Gedanke sicherlich gefallen hätte.

Patrick und ich standen also in diesem wunderschönen Kuppelsaal. Er erzählte mal wieder seine «Ein Porsche ist im Grunde genommen das billigste Auto, das man fahren kann»-

Geschichte, hielt plötzlich inne, legte seine Hand auf meine Schulter und vertraute mir an, dass er bei Mandy bisher noch keine zufriedenstellenden Resultate erzielt hatte. Er war, wie er es formulierte, noch nicht «zum Vollzug» gekommen.

Moment. Jetzt sah ich auch gewisse Details in der Art, in der die beiden miteinander umgingen, in einem anderen Licht. Details, die ich bisher als Fehlinterpretation abgetan hatte. Mir fallen Situationen dieser Art verhältnismäßig oft auf. Und vielen Frauen dürften sie sicherlich bekannt sein. Häufig kann man in Clubs Gespräche zwischen Männern und Frauen beobachten, die auf den ersten Blick ganz normal erscheinen. Wenn man jedoch genauer hinsieht, fällt einem auf, dass zum Beispiel der Mann seinen Arm um die Frau gelegt hat, die Frau, noch immer freundlich lächelnd, ihre Arme verdächtig nah an ihrem Körper hält. Dann fällt einem auf, dass mit ihrem Lächeln ebenfalls etwas nicht stimmt. Es ist kein interessiertes Lächeln, eher ein «Wann zieht sich dieser zudringliche Mensch endlich zurück»-Lächeln. Es sind die Reste eines Lächelns. All das sind Zeichen, die den auf sie einredenden Männern nicht aufzufallen scheinen. Und auch Patrick schien sie in dieser Nacht nicht deuten zu können.

Dass seine Äußerung der Aussage widersprach, die er vor einer Stunde gemacht hatte, verdrängte er offensichtlich erfolgreich. Ich sprach ihn auch nicht darauf an.

Die Frauen setzten sich an einen der Tische und begannen Karten zu spielen. In einem Club! Zum zweiten Mal an diesem Abend sah ich mich nach eventuellen Bekannten um, in der Hoffnung, niemanden zu kennen. Nur diesmal tat ich es nicht unauffällig.

Ich fragte mich zum wiederholten Mal, was ich hier eigentlich machte. Patrick sprach von seiner neuen Freundin: «Richard gefällt sie auch», sagte er, «er hat zwar gesagt, dass es noch besser gehen würde. Aber besser geht es ja schließlich immer.» Aus irgendeinem Grund klangen Patricks Sätze wie eine Rechtfertigung.

Als ich einige Tage darauf mit Patricks bestem Freund Richard telefonierte, begriff ich auch, warum. «Der hat mir letztens ganz stolz ein Foto von der Perle geschickt», pöbelte Richard, der sich, um es mal vorsichtig auszudrücken, oft ziemlich affektgesteuert artikuliert. «Die sieht doch scheiße aus. Wie notgeil kann man denn sein.» Nun gut. Ganz so drastisch sah ich es nicht. Mandy sieht gar nicht schlecht aus, obwohl ihrem Gesicht sicherlich eine gewisse Nachhaltigkeit fehlt. Ein Gesicht, das man schnell vergisst.

Dieser so ausgesprochen gelungene Abend wurde erfreulicherweise dokumentiert. Cindy hatte mit ihrem Handy viele Fotos gemacht, die sie einige Tage darauf online stellte, mit Bildunterschriften. Am Tag zuvor hatte sie das Stelenfeld besucht. Das Holocaust-Mahnmal, das Denkmal für die ermordeten Juden Europas. Auch von diesem Besuch fanden sich einige Bilder in Cindys Fotoreihe, ebenfalls mit Bildunterschriften. Unter einem Bild, das eine Totale des Stelenfeldes zeigt, fand sich als erklärender Text: «Das Judendenkmal.»

Oh, Scheiße. Cindy!

Allerdings darf man Cindy bei der Wahl dieser Worte sicherlich keinen politischen Hintergrund unterstellen, wohl eher ein gewisses Maß an intellektueller Insuffizienz.

Sie hat auch ein Foto gemacht, auf dem ich ein wenig gedankenverloren zu Boden blicke, und daruntergeschrieben: «Ob wir wohl in Michas nächster Geschichte auftauchen?»

Tja, liebe Cindy, das kannst du haben. Ich öffnete mein Schreibprogramm und dachte einige Momente nach. Dann tippte ich die Worte: «Dieser Text beginnt mit einem Fehler.»

VON DER KUNST, AUS-GELASSEN ZU SEIN

Vor einigen Jahren sagte eine Frau namens Nina auf der Silvesterparty eines Freundes zu mir: «Wenn du Lust hast, können wir jetzt noch zu mir gehen. Ich wohne nicht weit weg.»

Sie lächelte. Es war gegen sechs Uhr morgens. Wir hatten uns vor einigen Stunden kennengelernt, viel Wodka-Lemon getrunken und uns ziemlich lange unterhalten. Es war ein angenehmes Gespräch. Irgendwann erzählte mir Nina, dass sie sehr laut im Bett sei. Es gab wohl schon mehrere Anzeigen wegen nächtlicher Ruhestörung. Aha. Ich nickte interessiert.

Nina lächelte und sah mich abwartend an. Ich leerte meinen Wodka-Lemon und sagte: «Warum nicht.»

Als wir die Wohnung verließen, dachte ich daran, dass ich in den vergangenen Stunden nicht unbedingt das Gefühl hatte, auf einer Silvesterparty zu sein. Die besten Silvesterpartys meines Lebens waren eigentlich immer die, auf denen ich kein Silvestergefühl hatte.

Vielleicht war das ein Ansatz.

Es ist ja so eine Sache mit Silvesterfeiern. Es liegt wohl daran, dass es immer sehr bemühte Feiern sind. Das hängt mit diesem Erwartungsdruck zusammen. Ein Druck, dem man sich schwer entziehen kann, obwohl man es aus den Erfahrungen der letzten Jahre eigentlich besser weiß. Trotzdem möchte man teilhaben. Etwas erleben. Man nimmt sich vor, sich zu amüsieren. Man plant, ausgelassen zu sein. Ich kann das nicht. Vielleicht liegt es daran, dass ich nicht unbedingt ein Silvester-Fan bin. Vielleicht wäre es hilfreich, wenn ich Feuerwerk mögen würde. Vorsätze, die ich zu Silvester gefasst habe, habe ich nie länger als zwei Wochen durchgehalten. Und meistens war mir das schon klar, als ich sie gefasst habe. Auf den Straßen und in den U-Bahnen begegnet man lauten Menschen. Um Mitternacht wird man von Betrunkenen umarmt, die man nicht kennt und, wenn man ehrlich ist, nüchtern auch nicht unbedingt kennenlernen möchte. Menschen, mit denen man sich nur versteht, wenn man betrunken ist.

Für mich sind Silvestermomente eher melancholische Momente. Um Mitternacht ist es mir eigentlich am liebsten, kurz für mich zu sein. Vor einigen Jahren stand ich mit einigen Leuten zu Silvester auf dem Dach eines Mietshauses in Berlin-Friedrichshain, in dem ein Freund wohnte. Zehn Minuten vor zwölf begann es zu schneien. Aus einem Schornstein quoll sehr viel Rauch, der uns immer wieder einhüllte. Es war die richtige Stimmung. Es passte. Es war einer meiner besten Silvestermomente.

Ich denke immer zu spät an Silvester. Bei mir entscheidet sich meistens erst am 30. oder 31. Dezember, wo und wie ich Silvester verbringe. Vielleicht ist es ein Fehler, zuerst keine Möglichkeiten zu haben und dann zu viele. Man kann sich nicht entscheiden. Also teilt man den Abend auf. Man nimmt sich vor, auf mehrere Partys zu gehen.

Daran liegt es wohl, dass ich mit Silvesternächten vor allem ein Gefühl verbinde: das Gefühl, immer auf dem Weg irgendwohin zu sein. Bald weiter zu müssen. Immer auf dem Sprung zu sein. Man trifft schon mit dem Gefühl ein, dass diese Feier etwas Vorübergehendes ist. Eine Ruhelosigkeit, die immer gegenwärtig ist. Obwohl man weiß, dass es überaus unklug wäre, jetzt auf die nächste Party zu gehen, weil auf den Straßen von Berlin gerade Krieg herrscht. Aber das zählt nicht wirklich. Man muss weiter. Wenn man Pech hat, steht man um Mitternacht an irgendeiner Bushaltestelle, sieht Betrunkenen dabei zu, wie sie Raketen aus der Hand starten lassen, und wartet auf einen Bus, der auch hält.

In der Silvesternacht vor drei Jahren verlor mein Bekannter Sebastian in dem Berliner Club Rio fünfzig Euro. Es fiel ihm auf, als wir gerade gehen wollten. Fünfzig Euro. Bei einer solchen Summe hört bei jemandem wie Sebastian der Spaß auf. Sebastian schaltete, wenn man so will, auf Autopilot. Er fragte viele Gäste, ob sie einen Fünfzig-Euro-Schein gefunden hätten. Er erkundigte sich an der Bar und am Einlass, ob jemand einen Fünfzig-Euro-Schein abgegeben hätte. Nun ja. Ich bin kein Psychologe, allerdings erscheint mir der Gedanke ein wenig weit hergeholt, dass das vorrangige Problem von jemandem, der morgens um drei in einem Club einen Fünfzig-Euro-Schein findet, darin besteht, ob er den Schein eher an der Bar oder eher am Einlass abgeben soll. Gegen elf Uhr mittags verließen wir den Club. Die Sonne schien uns ins Gesicht.

Es gibt natürlich auch andere Silvestergeschichten. Erzählenswertere. Geschichten, in denen Frauen vorkommen, die Nina heißen. Frauen, die Sätze wie diese sagen: «Wenn du Lust hast, können wir jetzt noch zu mir gehen. Ich wohne nicht weit weg.»

Nina wohnte wirklich nicht weit entfernt. Als wir ihre

Wohnung betraten, verhielt sie sich allerdings irgendwie merkwürdig. Irgendwie ertappt. Dann sagte sie, dass es nicht ihre, sondern die Wohnung ihres Freundes wäre.

Oh, denkt jetzt sicherlich der eine oder andere ein wenig beunruhigt. Und genau das dachte ich ebenfalls. Allerdings war ich nicht nur ein wenig beunruhigt. Es war gewissermaßen ein etwas schärferes «Oh».

«Es ist wohl besser, wenn ich jetzt ein Taxi rufe», sagte ich. Nina nickte. Während ich telefonierte, stellte ich fest, dass Nina mich offenbar falsch verstanden hatte. Sie hatte eine Tasche genommen und packte ein paar Sachen zusammen.

Dann wurde die Wohnungstür aufgeschlossen.

So. Jetzt ist es wohl Zeit für einen Perspektivwechsel.

Es fällt vielleicht ein wenig schwer, aber stellen wir uns einmal vor, wir wären ungefähr 1,95 Meter groß und kräftig gebaut. Wir haben sehr kurze Haare. Wir sind ziemlich angetrunken. Wir waren gerade auf einer Silvesterparty, auf der es eigentlich ganz nett war, aber wir haben uns überlegt, ein wenig früher nach Hause zu kommen. Vielleicht ist ja unsere Freundin Nina, mit der wir seit zwei Jahren zusammen sind, in unserer Wohnung. Man könnte noch ein Glas Sekt miteinander trinken und die Nacht gemeinsam ausklingen lassen. Ein schöner Gedanke.

Wir betreten unsere Wohnung. Unsere Freundin packt gerade ein paar Dinge in eine Tasche. Dinge, die man benötigt, wenn man die Nacht woanders verbringen möchte. Als wir unser Wohnzimmer betreten, wirft uns unsere Freundin einen erschrockenen Blick zu. Und auf unserem Sofa sitzt dieser Typ, der uns erzählt, dass er sich gerade ein Taxi gerufen habe.

Sich! Eine Erklärung, die irgendwie nicht zu dem Gesichtsausdruck unserer Freundin passt.

Wir könnten jetzt ausrasten. Für einen kurzen Moment sind wir kurz davor.

Er ist dann doch nicht ausgerastet. Gott sei Dank. Ich hätte keine Chance gehabt. Nina brachte mich noch zur Tür. Vor dem Haus stand das Taxi. Es begann bereits zu dämmern. Ich blieb stehen und sah noch einige Momente in den Himmel.

Ich hatte nicht unbedingt das Gefühl, dass gerade ein neues Jahr begann.

UND MEINE FREUNDE NENNEN MICH MICHAEL NAST

An meinem Küchenbüfett hing bis vor einigen Tagen ein Foto, auf dem Sean Connery und Adolfo Celi zu sehen sind. Sean Connery ist ja sicherlich jedem ein Begriff. Bei Adolfo Celi bin ich mir allerdings nicht so sicher. Insofern muss ich wohl ein wenig ausholen.

Das Foto entstand 1965. Es zeigt eine Szene aus dem James-Bond-Film *Thunderball*. Genau genommen zeigt es keine Szene des Films, das Foto entstand in einer Drehpause. Adolfo Celi verkörpert in diesem Film Bonds Gegenspieler Largo. Auf dem Foto lacht er sehr herzlich. Connery sieht lächelnd zu Boden. Man hat den Eindruck, die beiden würden sich sehr gut verstehen. Damit verhalten sie sich natürlich in Bezug auf die Charaktere, die sie verkörpern, ausgesprochen untypisch. Zwei Männer, die sich auf den Tod hassen und sich im Laufe der Handlung auch so verhalten, scherzen plötzlich miteinander.

Es ist ein wenig so, als würden zwei sehr verschiedene Welten aufeinandertreffen. Welten, die, wenn man so will, durch die Umstände bedingt sind. Als würden sich der Gute und der Böse eine Auszeit nehmen. Als würden sie die Gegebenheiten hinter sich lassen, sich sozusagen unbelastet noch einmal aufs Neue kennenlernen und feststellen, dass man sich eigentlich gar nicht so unsympathisch ist. Ein schönes Bild.

Fotos dieser Art ziehen mich an. Sie geben mir irgendwie ein gutes Gefühl. Ich weiß nicht genau, woran das liegt. Ich weiß jedoch, dass sie mich ein wenig an die Art erinnern, in der meine Bekannten mit ihren Freundinnen telefonieren.

Es ist sicherlich jedem schon einmal aufgefallen: Selbst der maskulinste Alpha-Mann wird praktisch zu einem anderen Menschen, wenn er mit seiner Freundin telefoniert. Sein Tonfall, seine Stimmlage, die Wahl seiner Worte – all das wird irgendwie behutsamer. Natürlich sprechen Männer und Frauen nicht nur am Telefon so miteinander. Auch im gemeinsamen Alltag. Bei meinem Kollegen Michael war ich einmal dabei. Beim Einkaufen.

Wir waren bei IKEA. Zuerst fiel mir auf, dass mein Kollege und seine Freundin nahezu gleich redeten. Ihre Rhetorik war voller sanft gesprochener Worte. Worte, die sie am Ende jedes Satzes in die Länge zogen. Als würden sie sich, um es metaphorisch auszudrücken, einen großen flauschigen Ball zuwerfen. Und zwar in Zeitlupe. Es wirkt immer ein wenig naiv, ein wenig, als würden sich Kleinkinder unterhalten. Und es klingt ungefähr so: «Duhuuuu? Kannst du mir einen Gefallen tuuunnnn.» An diesem Nachmittag bei IKEA war ich von sehr vielen fliegenden flauschigen Bällen umgeben. Von so vielen, dass mir manchmal sogar ein wenig schwindlig wurde.

Im Büro reden wir natürlich anders miteinander. Unser Büroalltag ist eine andere Welt. Wenn das Handy meines Kollegen klingelt und seine Freundin am Apparat ist, berühren sich also zwei Welten. Und manchmal mischen sie sich auch. Wenn mein Kollege im Büro mit seiner Freundin telefoniert, dann auflegt und sich wieder mit mir unterhält, bewegt er sich zwischen diesen Welten. Manchmal geht dabei jedoch etwas schief. Dann spricht mein Kollege mit mir, als würde er mit seiner Freundin reden.

Er sagt: «Duuhuuuuuuuuh?»

Und ich denke, o Gott!

Wie man merkt, war ich anfangs schon ein wenig irritiert, wenn mich mein Kollege in dieser Tonalität ansprach. Es offenbarte sich ja ein völlig anderer Mensch. Ein Unbekannter. Ein Fremder. Und so sah ich ihn wohl auch an. Inzwischen habe ich mich allerdings daran gewöhnt. In letzter Zeit kommt es nämlich häufiger vor.

Vor einigen Tagen hat unser, nennen wir es mal Vertrauensverhältnis allerdings eine neue Qualität erreicht: Mein Kollege nannte mich in einem Gespräch «Spatz».

Ein Kosename, mit dem sich die beiden ansprechen. Ein Begriff aus der anderen Welt. Wir tauschten einen kurzen erschrockenen Blick. Es war natürlich ein Versprecher. Ich hoffe nur, dass es kein Freud'scher Versprecher war.

Es ist ja so eine Sache mit Kosenamen. Ich war vor einigen Jahren mit einer Frau zusammen, die mich konsequent «Hase» nannte. Ich weiß nicht. Hase? Das klang ein wenig, als wäre ich jemand, den man nicht für voll nehmen kann. «Schatz» wäre mir irgendwie lieber gewesen. Meine Freundin bestand jedoch darauf, mich weiterhin «Hase» zu nennen. Und zwar aus überaus pragmatischen Gründen: Sie nannte jeden Mann, mit dem sie zusammen war, «Hase». Insofern konnte es bei einem neuen Freund nicht zu Versprechern kommen. Sie war auf der sicheren Seite. Wir sind inzwischen nicht mehr zusammen. Ihr neuer Freund heißt ebenfalls Michael. Sie hat ihre Strategie offensichtlich perfektioniert. Damit ist sie jetzt wohl auf der sichersten Seite.

Grundsätzlich habe ich ja ein eher gespaltenes Verhältnis zu Spitznamen. Manchmal stelle ich mir die Frage, inwieweit man von dem Spitznamen eines Menschen auf dessen Charakter schließen kann. Oder darf. Ich kenne eine Frau namens Astrid, die Asi genannt wird. Und auch so genannt werden möchte. Ich habe das nie verstanden. Der Begriff «Asi» ist ja bekanntlich die umgangssprachliche Bezeichnung für «asozial». Insofern ist der Begriff doch eher negativ belegt. Niemandem schien das aufgefallen zu sein. Auch Astrid nicht.

Eine Asi. Was sagt ein solcher Spitzname über seinen Träger aus? Und wer kreiert diese Spitznamen? Meistens doch der Freundeskreis. Also Menschen, die einen gut kennen. Menschen, die einschätzen können, ob der Name zu einem passt.

Es gibt ja auch Menschen, deren eigentlicher Name durch ihren Spitznamen ersetzt worden ist. Bei einem meiner Bekannten ist das der Fall. Er nennt sich «Merch». Der selbstgewählte Spitzname hat seinen wahren Namen verdrängt. Wahrscheinlich weiß Merch nicht einmal mehr, mit welchem Namen er geboren wurde. Auch seine Freundin nennt ihn «Merch». Ich muss zugeben, dass es mir ein wenig schwer fällt, das nachzuvollziehen. Das ist doch so, als würde Michael Schumacher von seiner Frau verlangen, sie solle ihn im Privatleben Schumi nennen. «Merch» selbst gibt seiner Freundin keine Spitznamen. Manchmal nennt er sie «Alter», allerdings benutzt er diesen Begriff praktisch am Ende jedes dritten Satzes. Insofern handelt es sich wohl um eine eher allgemeingültige Ansprache.

Ich selbst reagiere immer ein wenig vorsichtig auf Spitznamen. Ich habe schon ein leicht unangenehmes Gefühl, wenn mich Leute Micha nennen. Schlimmer wird es dann schon bei Nasti. Oder Nasty. Oder auch als verknüpfte Variation: Nasty Nast.

Es ist nur schwer, jemandem klarzumachen, dass man kein Freund von Spitznamen ist. Man kann schnell als distanziert gelten. Man könnte es, um noch einmal James Bond zu bemühen, wie Sean Connery in dem Film *From Russia with Love* machen. In einer Szene lernt Bond eine Tatjana Romanowa kennen. Im Laufe des Gesprächs sagt sie zu ihm: «Meine Freunde nennen mich Tanja.» Er entgegnet freundlich lächelnd: «Und meine Freunde nennen mich James Bond.»

Das klingt schon ziemlich distanziert, oder? Spielen wir es am besten noch einmal kurz durch, vielleicht mit meiner Bekannten Astrid:

«Hallo, du bist also Astrid?»

«Stimmt, aber meine Freunde nennen mich Asi.»

«Ach? Interessant. Und meine Freunde nennen mich Michael Nast.»

Mmh. Ich bin mir nicht sicher. Jemand, der solche Sätze sagt, wirkt irgendwie, als hätte er ein nicht unwesentliches Selbstwahrnehmungsproblem. Aber vielleicht ließ ich auch James Bond zu nah an mich heran. Also habe ich vor einigen Tagen das Bild von meinem Küchenbüfett entfernt. Dort hängt jetzt eine Autogrammpostkarte. Eine Autogrammpostkarte meines Bruders.

Aber das, liebe Leser, ist eine andere Geschichte.

UND SEINE FANS
KAMEN

Vor einer Woche sagte eine Frau namens Jenny etwas ziemlich Beunruhigendes zu mir. Sie sagte: «Von Wolfgang Petry mag ich eher die alten Platten. Die aus den achtziger Jahren. Mit den späteren Liedern bin ich irgendwie nie klargekommen.»

Sie sah mich an. Jetzt musste ich wohl irgendetwas sagen. Mir fiel nichts ein. Und das hatte gute Gründe. Sie artikulierte sich nämlich in einer Art Musikjournalisten-Tonfall. Es klang nach einem Fachgespräch. Ich hatte kurz das Gefühl, ich wäre in eine Wolfgang-Petry-Feuilleton-Diskussionsrunde geraten. Einer Art «Presseclub» für Musikjournalisten. Nur dass sich irgendetwas verschoben hatte. Und das überforderte mich schon ein wenig.

Auch wenn ich mir jetzt sicherlich einige Sympathien verspielen werde, muss ich gestehen, dass meine Kenntnisse der musikalischen Entwicklung von Wolfgang Petry eher begrenzt sind. Und in Bezug auf seine Schaffensphase in den achtziger Jahren tendieren sie sogar gegen null. Meine Gesprächspartnerin sah mich noch immer an. Ich stand mit dem Rücken zur Wand. Wie kam ich da jetzt wieder raus?

Ich lernte Jenny nach einer meiner Lesungen kennen. Auch das war ziemlich beunruhigend. Offenbar sprach ich mit meinen Texten eine Wolfgang-Petry-Klientel an. Eine Klientel, über die Harald Schmidt einmal gesagt hat: «Er scheint ein

Publikum zu aktivieren, von dem ich gar nicht wusste, dass es existiert.» Ich würde sogar noch einen Schritt weiter gehen als Harald Schmidt. Ich würde sagen: «Er aktiviert ein Publikum, von dem ich bisher gehofft hatte, dass es gar nicht existiert.» Deutscher Schlager. Die Rockvariante. Seine Fans kamen zu meinen Lesungen. Demnach schien es Schnittmengen zu geben. Inzwischen konnte ich Wolfgang Petry wohl schon «Wolle» nennen. Die Schlinge zog sich zusammen.

Ich hatte ein merkwürdiges Gefühl. Es ist wohl ein ähnliches Gefühl, wenn man bei einer Volksmusiksendung während eines Kameraschwenks ins Publikum mehr Gäste sieht, die zwischen zwanzig und dreißig sind, als man angenommen hat. Ich sah Jenny ein wenig verständnislos an. Jenny sah nicht schlecht aus, was mich an meine letzte Begegnung mit Wolfgang Petry erinnerte. Es war schon einige Jahre her. Und auch bei dieser Begegnung hatte ich das Gefühl, mit dem Rücken zur Wand zu stehen. Auch weil der Mann damals nicht allein war. Er hatte gewissermaßen seine Freunde mitgebracht.

Ich habe eine Freundin, die lange in einem Club namens Hafenbar gearbeitet hat. Einmal überredete sie mich, doch einmal in die Hafenbar zu gehen. Es wäre immer sehr lustig. Ich wusste nicht viel über den Club, und hätte ich im Vorfeld ein wenig recherchiert, hätte ich mich wohl nicht überreden lassen.

In der Hafenbar war es sehr voll. Als ich eintraf, lief gerade eine dieser «Neue Deutsche Welle»-Runden. Die Hafenbar war demnach eher im erlebnisorientierten Bereich anzusiedeln. Darauf ließ auch der Künstlername der DJane des Abends schließen, die sich den originellen Namen «Clair Grube» gegeben hatte. Ich fühlte mich ein bisschen fehl am Platz, beschloss jedoch, erst einmal abzuwarten, und holte mir ein Bier. Als ich eine halbe Stunde später von der überfüllten Bar zurückkehrte, stellte ich fest, dass Clair Grube offenbar gern außergewöhnlich lange «Neue Deutsche Welle»-Runden spielte. Als sie dann mit Udo Jürgens und Jürgen Drews weitermachte, begriff ich langsam, wo ich hier hineingeraten war. Ein Schlagerabend. Ein Abend für eine Milieustudie.

Wenn man als Single ausgeht, hat man ja immer diese Hoffnung, dass man vielleicht genau an diesem Abend die richtige Frau treffen wird. Die Erfahrungswerte sehen natürlich anders aus, aber das zählt nicht. Es gibt immer diese kleine naive Hoffnung. An diesem Abend in der Hafenbar machte ich allerdings eine ziemlich beunruhigende Erfahrung. Nicht weit von mir entfernt tanzten einige Frauen. Sie waren erstaunlich textsicher. Der Identifikationsfaktor schien sehr hoch zu sein. Wenn attraktive Frauen sehr ausgelassen und textsicher zu Liedern wie «Im Karussell der Träume» oder «Wir sind alle über vierzig» tanzen, hat man schnell den Eindruck, dass hier irgendetwas nicht stimmt. Die Frauen, von denen zwei wirklich gut aussahen, verloren für mich jedwede sexuelle Attraktivität. Die kleine naive Hoffnung war verschwunden. Und es sah nicht so aus, als würde ich sie an diesem Abend noch einmal zurückholen können.

Es gibt ein Lied von den Ärzten, das «Unrockbar» heißt und sich mit den negativen Auswirkungen beschäftigt, die unterschiedliche Musikgeschmäcker auf eine Beziehung haben können. Das mag auf den ersten Blick überzogen erscheinen, ich kann jedoch versichern, solche Dinge sollte man nicht unterbewerten. Musik ist ja einer der kleinsten gemeinsamen

Nenner. Eine Basis, eine erste Gemeinsamkeit. Musikrichtungen sind nicht einfach nur Musikrichtungen. Sie stehen für einen Ansatz. Sie unterstreichen eine gewisse Einstellung, wenn nicht sogar einen Lebensentwurf.

Wenn wir uns die folgende Situation vorstellen, wird das sicherlich deutlicher.

Wir lernen eine Frau kennen, wir verstehen uns ziemlich gut mit ihr, eins kommt zum anderen, auf natürliche Art. Bei der Verabschiedung vor ihrer Wohnung schlägt sie mit einem sympathischen, ironisch überzeichneten Unterton vor, man könne doch noch einen Kaffee zusammen zu trinken. In ihrer Wohnung stehen wir dann am Fenster, sehen in die Nacht hinaus, trinken hin und wieder einen Schluck Kaffee, während sie in ihren CDs nach der passenden Musik sucht. Nach Musik, die zur Stimmung passt. Der Stimmung vor dem ersten Kuss. Was passt zu einem solchen Moment? Eine Ballade vielleicht. Vielleicht so etwas wie «Der Himmel brennt» oder «Verlieben, verloren, vergessen, verzeihn», oder wie auch immer Balladen von Wolfgang Petry heißen. Als der Song beginnt, lassen wir fast unsere Tasse fallen, drehen uns entgeistert zu ihr um und suchen nach diesem sympathischen ironischen Ausdruck in ihrem Gesicht. Aber er ist nicht mehr da.

Früher habe ich mir häufig vorgestellt, wie es wäre, wenn mein Alltag mit einem Soundtrack unterlegt wäre. Wie in einem Film. Ein Soundtrack, den man sich selbst zusammengestellt hat. So wie man früher Frauen, in die man verliebt war, ein Mixtape zusammenstellte, um ihnen die Idee einer Stimmung zu vermitteln. Einen Soundtrack für die gemeinsamen Augenblicke. Ein bisschen so wie in dem Film *Pulp Fiction*.

Wenn man Lieder des *Pulp-Fiction*-Soundtracks hört, verbindet man sie mit Szenen des Films, in denen diese Lieder zu hören waren. Lieder sind ein geeignetes Mittel gegen das Vergessen. Man kann in ihnen die Stimmungen bestimmter Augenblicke bewahren, sie – wenn man so will – konservieren.

Wir wissen alle, wie unterschiedlich die Wirkung einer Filmszene sein kann, wenn man sie mit verschiedener Musik unterlegt. Die Aussage der Szene kann sich trotz desselben Dialoges vollkommen verändern. Wenn wir jetzt noch einen Schritt weiter gehen und eine solche Mechanik auf unseren Alltag anwenden, wird das noch deutlicher. Zum Beispiel an einem schönen Frühlingstag, an dem wir morgens die Straße betreten. Es ist schon ein bedeutender Unterschied, ob wir zu den Klängen von The Whitest Boy Alives «Burning» oder zu Wolfgang Petrys «Wahnsinn» die Straße hinuntergehen, während uns die Morgensonne ins Gesicht scheint.

Ich betrachtete Jennys Gesicht und überlegte, welche Lieder sie für den Soundtrack ihres Alltags auswählen würde. Wolfgang Petry wäre sicherlich dabei. Oder Patrick Lindner. Weiter wollte ich diesen Gedanken jedoch nicht verfolgen. Aus irgendeinem Grund hatte ich den Eindruck, das alles könnte zu nah an mich herankommen.

Gegen elf verabschiedete ich mich von Jenny und ihren Freunden. Ich verließ das Café und ging langsam die Goltzstraße hinunter. Als ich den Winterfeldtplatz überquerte, ertappte ich mich dabei, wie ich gedankenverloren den Refrain des Liedes «Verlieben, verloren, vergessen, verzeihn» vor mich hinsummte. Ich hatte einen Ohrwurm. Einen «Wolfgang Petry»-Ohrwurm! Ich zuckte innerlich zusammen. Wolle Petry.

Ich würde dich an diesem Abend nicht mehr loswerden. Dann hoffte ich nur noch, dass ich das alles am nächsten Morgen hinter mir gelassen hätte.

Es würde ein Frühlingsmorgen sein.

DER NETTE UND
DIE SCHÖNE

Mir wird hin und wieder ein wenig fassungslos vorgeworfen, was für unmögliche Menschen zu meinem Bekanntenkreis zählen würden. Leute, die sich so verhalten, kennt man eigentlich nicht. Und wenn man solche Menschen kennt, sollte man sich nicht mit ihnen umgeben. Denn das Verhalten derjenigen, mit denen man sich umgibt, fällt ja schnell auf einen zurück.

Das ist sicherlich richtig. Ich sehe es dennoch anders. Es ist ein wenig komplexer.

Mich interessiert nämlich gerade der Facettenreichtum der menschlichen Persönlichkeit. Es ist keineswegs ungewöhnlich, dass Menschen scheinbar unvereinbare Eigenschaften in ihrem Charakter vereinen. Das ist manchmal ein wenig erschreckend, es ist jedoch auch überaus spannend. Und es ist authentisch. Wir wissen alle, dass niemand nur gut oder schlecht ist. Vollkommenheit, in welcher Hinsicht auch immer, hat schließlich einen entscheidenden Nachteil. Sie wird schnell langweilig.

Stellen wir uns zum Beispiel einmal vor, meine Texte hätten ungefähr folgende Tonalität: Vor einiger Zeit traf ich mich mit meinem guten Bekannten Andreas in einem Restaurant. Andreas ist Architekt. Er arbeitet in einem Architekturbüro, in dem Altenheime geplant werden. Wir sprachen über die

Arbeit, tranken Wein, wir scherzten, wir lachten. Gegen 23 Uhr fuhr ich nach Hause, legte mich ins Bett und las ein wenig in einem Roman. Dann schlief ich ein.

Nett, nicht wahr? Zwei nette Männer verbringen in einem netten Text einen netten Abend miteinander. Einigen wird vielleicht aufgefallen sein, dass in dieser kurzen Textpassage keine Frau auftaucht. Das ist kein Zufall.

«Nett» ist nämlich ein Begriff, den man benutzt, wenn man nicht wirklich weiß, wie man die entsprechende Person beschreiben soll. Wird man gefragt, muss man erst einmal überlegen. Welche Eigenschaft trifft am ehesten zu? Interessant? Passt nicht. Ein Arsch? Passt irgendwie auch nicht. Langweilig? Leidenschaftslos? Phlegmatisch? Nein. Man möchte ja nicht unfreundlich sein. Also umschreibt man. Man weicht aus. «Nett» ist ein Ausweichbegriff.

Sehen wir uns diesen Begriff doch einmal aus der männlichen Perspektive an. Es gibt für einen Mann sicherlich nichts Unangenehmeres, als von einer Frau als «nett» bezeichnet zu werden. «Nett» bedeutet, dass man in keiner Weise sexuell attraktiv ist und dass auch sonst nicht viel mit einem los zu sein scheint.

So. Und jetzt gehen wir noch einen Schritt weiter. Wir entwickeln das unwahrscheinlichste aller Szenarien. Wir lassen eine Frau auftauchen. Eine «Der Nette und die Schöne»-Konstellation. Vielleicht sogar ein Rendezvouz. Das klingt nach amerikanischer Unterhaltungsfilmlogik? Da kann ich nur zustimmen.

Die Filme, von denen ich spreche, laufen ja in den häufigsten Fällen nach einem ähnlichen Schema ab. Ein Mann verliebt sich in eine Frau, die keinerlei Interesse für ihn aufbringt. Er versucht sie für sich zu gewinnen, allerdings kommt es im Laufe der Handlung zu Verwicklungen, die ihn in einem noch ungünstigeren Licht erscheinen lassen. Dann gibt es irgendwann diese Schlüsselszene, in der die Frau erkennt, was für ein wunderbarer Mensch doch der Mann ist. Sie verliebt sich ebenfalls. Happy End, Abblende, der Zuschauer ist zufrieden. Wie im wahren Leben, äußerst glaubwürdig, ein Happy End.

Angelina Jolie sagt in der Komödie *Mr. & Mrs. Smith* einen sehr authentischen Satz, der eigentlich gar nicht zu einem Film dieses Genres passt. Sie sagt: «Geschichten mit Happy End sind unvollendete Geschichten.» Ein wahrer Satz. Ein so wahrer Satz, dass er fast schon wehtut. Ein Satz, über den ich hin und wieder nachdenke.

Die Frage der Authentizität beschäftigte mich am vergangenen Dienstag ebenfalls, als ich mich mit meiner Lektorin traf. Sie gab mir den Rat, das Image, das ich in den Texten von mir selbst transportiere, doch ein wenig zu überdenken. Zu modifizieren. Meinen Charakter ein wenig mehr in Richtung der moralischen Instanz zu entwickeln. Daran musste ich denken, als ich mich einige Tage darauf mit einer Frau traf, die mir erzählte, dass ich in keiner Weise den Vorstellungen entsprach, die sie von der Person Michael Nast in meinen Texten gewonnen hatte. Das lag sicherlich auch daran, dass sie von zwei Extremen ausging. Sie erwartete entweder einen ziemlich arroganten Arsch oder einen höchst introvertierten, im gesellschaftlichen Umgang äußerst ungeschickten Menschen. Also in beiden Fällen jemanden, bei dem einer Frau nach einer knappen Stunde rein zufällig einfällt, dass sie noch etwas sehr

Dringendes zu erledigen hat, an einem Freitagabend gegen 22 Uhr. Sie hatte Gott sei Dank nichts mehr zu erledigen.

Auch wenn mir hin und wieder davon abgeraten wird, werde ich mich wohl in den meisten Fällen für die lebensnahe Beschreibung entscheiden. Auch in Bezug auf mich selbst. Und das führt uns noch einmal zu der eingangs beschriebenen Situation. Dem Treffen mit meinem Freund, dem Altenheim-Architekten.

Ich nehme jetzt also einen zweiten Anlauf.

Vor einiger Zeit traf ich mich mit meinem guten Bekannten Andreas in einem Restaurant. Wir bestellten uns eine 1-Liter-Karaffe Rotwein. Wir tranken den Wein, wir scherzten, wir lachten. Gegen 23 Uhr begannen wir zu beratschlagen, wo wir jetzt noch hingehen könnten. Wir entschieden uns für das White Trash, vor allem wohl darum, weil dieser Club nicht weit von dem Restaurant entfernt war, in dem wir uns gerade aufhielten.

Einige Stunden darauf saß Andreas mit einer Frau an einem der Tische im White Trash. Sie hatten sich gerade kennengelernt und waren in ein angeregtes Gespräch vertieft. Plötzlich sah die Frau auf, und Andreas spürte, wie sich eine Hand auf seine Schulter legte. Ein Mann, der zu einem schwarzen T-Shirt ein schwarzes Jackett trug, beugte sich zu ihm hinab und sagte deutlich: «Hast du hier heute Abend schon eine Frau gesehen, die dich in irgendeiner Weise inspiriert? Ich nicht.» Andreas war klar, dass hier gerade etwas entgleiste. Seine Gesprächspartnerin sah den Mann irritiert an. Der achtete nicht auf sie und wandte sich ab, ohne eine Antwort abzuwarten. Dann verschwand er in der Menge.

Dieser Mann war ich.

Dieses, sagen wir mal, nicht allzu hilfreiche Verhalten hatte natürlich gewisse Auswirkungen auf das Gespräch der beiden. Ihre Unterhaltung fand nun auf einem eher einsilbigen Niveau statt, auf der Suche nach einer passenden abschließenden Bemerkung. Vielleicht fragte sich Andreas in dieser gewiss überaus quälenden Situation, inwieweit das Verhalten derjenigen, mit denen man sich umgibt, auf einen selbst zurückfallen kann. In jedem Fall fragte er sich, was für unmögliche Menschen zu seinem Bekanntenkreis zählten.

Seine Gesprächspartnerin war sicherlich ähnlicher Ansicht.

IM FRÜHLING BEGINNT DIE SAISON

Auch wenn ich es ungern zugebe, bin ich inzwischen in einem Alter, in dem das Wetter ein Thema ist, das die Gespräche zwar nicht unbedingt bestimmt, jedoch einen wesentlicheren Stellenwert einnimmt, als man eigentlich wahrhaben möchte. Noch vor einigen Jahren fand ich es furchtbar, wenn in Unterhaltungen das Wetter erwähnt wurde. Über das Wetter zu reden, bedeutet ja eigentlich, dass im eigenen Alltag sonst nicht so viel Erzählenswertes passiert. Ein Thema, über das sich Rentner unterhalten.

Inzwischen sehe ich das ein wenig anders. Inzwischen bin ich erschreckenderweise sogar zu Sätzen wie diesem fähig: «Ich bin ja ein Freund der Übergangsjahreszeiten.» Ich mag den Frühling lieber als den Sommer, den Herbst lieber als den Winter. Ich kann es nicht wirklich erklären. Ich habe irgendwie ein gutes Gefühl, wenn der Frühling beginnt, oder auch der Herbst. Vielleicht weil sie eine geeignete Metapher für die Veränderung sind. Und der Frühling ist ja praktisch die Über-Veränderungs-Metapher. Das perfekte Symbol für einen Neuanfang. Es ist die Zeit, in der man morgens das Haus verlässt, während einem die Sonne ins Gesicht scheint und die Vögel in den Bäumen singen. Frühlingstage beginnt man mit einem guten Gefühl. Man bewegt sich irgendwie bewusster durch die Stadt. Man verlangsamt seine Schritte. Man geht nicht einfach nur die Straßen hinunter. Man flaniert. Auch, wenn man mit dem Fahrrad unterwegs ist.

Für viele Flaneure auf den sonnenbeschienenen Straßen beginnt mit dem Frühling natürlich auch «die Saison», wie sich einige meiner Bekannten gern ausdrücken. Diese «Saison» ist die überaus inspirierende Zeit der kürzeren Röcke und der tiefer ausgeschnittenen Dekolletés. Inspirationen, die bei einigen meiner Bekannten eine nicht unerhebliche Eigendynamik entwickeln können.

Ich kenne einen Mann in meinem Alter, der mit den Inspirationen der ersten Frühlingstage irgendwie nicht umgehen kann. Er gibt gewissermaßen die Kontrolle ab. Er ist dieser Reizüberflutung gnadenlos ausgeliefert. Und er kann nichts dagegen tun. Er hat, wenn man so will, Ausfallerscheinungen, wenn wir an sonnenbeschienenen Frühlingstagen durch die Stadt laufen. Er kommt nicht zur Ruhe. Es ist für mich immer ein wenig anstrengend, weil er häufig sehr unvermittelt agiert – und weil ich oft gar nicht weiß, wen er meint, wenn er begeistert Sätze wie «Die ist genau mein Modell» oder «Ich komm schon wieder überhaupt nicht klar» ruft. Und weil sich mein Bekannter in einem Zustand befindet, in dem er offensichtlich nicht mehr in der Lage ist zu differenzieren, erschrecke ich mich manchmal schon ein wenig, wenn er mich präziser auf das Objekt seiner Begierde aufmerksam macht. Es geht ihm bei Frauen eher um gewisse Komponenten, weniger um den Gesamteindruck – wenn man es vorsichtig formulieren möchte.

Willkommen im Frühling.

Der Frühlingsbeginn ist auch die Zeit, in der diejenigen meiner Bekannten, die schon länger in einer Beziehung sind, laut darüber nachdenken, ob das, was sie da mit ihrer Freundin in den letzten Jahren so kultiviert haben, wirklich das Wahre ist. Oder ob es da draußen noch etwas anderes, etwas Besseres gibt. Etwas Passenderes.

Ich kann mir ziemlich gut vorstellen, wie meine Bekannten während einer der gelegentlichen Streitigkeiten, für die es mal wieder keine wirklichen Gründe gibt, ihre Freundin ansehen und sich sagen: «Den Winter warte ich noch ab. Nur noch diesen einen Winter.» Ich kann das nachvollziehen. Wer möchte im Winter schon allein sein. Meine Bekannten haben wieder ein gutes Gefühl, eine Art Aufbruchstimmung. Sie bereiten sich vor. Auf ihren Einsatz. Auf die Saison.

Tja. Im Frühling ist der Winter ja vorbei. Natürlich wissen wir alle, dass der Frühling nicht die Zeit der großen Trennungsphasen ist. Man verändert nichts. Man bleibt irgendwie zufrieden und versucht, den Gedanken wegzuschieben, dass man diese Zufriedenheit mit Glück verwechselt. Also muss man sich etwas einfallen lassen. Man weicht aus. Man kompensiert. Darum ist der Frühling für viele wohl eher eine Zeit der «Wenn man sich im Restaurant bereits für ein Gericht entschieden hat, ist es doch nicht verboten, sich noch ein wenig die Speisekarte anzusehen»-Philosophie.

Und aufgrund dieser philosophischen Hintergründe wird die Frühlingssaison gerade bei einigen meiner Bekannten eine Zeit der ausschweifenden psychologischen Betrachtungen. Innerhalb gewisser Grenzen natürlich. Und da ich in solchen Dingen offenbar eine geeignete Projektionsfläche bin, befinde ich mich in der wunderbaren Position, mich mit den kunstvoll arrangierten Theorien meiner Freunde auseinanderzusetzen.

Vor einigen Tagen erläuterte mir ein Bekannter, dass es der Traum vieler Frauen sei, mit dem Freund ihrer Freundinnen zu schlafen. Ich warf ihm einen skeptischen Blick zu. Bevor ich etwas Einlenkendes erwidern konnte, sagte mein Bekannter schnell: «Iss so!» Dann sagte er es noch einmal: «Iss so!» Als sei damit alles entschieden.

Dann sagte er etwas Überraschendes: «Ick kann dir ooch erklären, warum dit so iss.»

Ich setzte mich auf, trank einen Schluck von meinem Milchkaffee und sah ihn interessiert an.

«Erstens», skizzierte er die Grundkonstellation, «kennen sie dich über deine Freundin ja schon länger – und zweitens», er machte eine Kunstpause, «wissen sie natürlich, wie du im Bett bist.»

Natürlich. Der Mann hatte recht. Es war so naheliegend. Jetzt fiel mir auch wieder ein, wie eingehend ich über das Sexualleben einiger meiner Freundinnen informiert war. Oder, um es präziser auszudrücken, über die sexuellen Qualitäten ihrer Freunde. Ich muss zugeben, dass es mir schon gewisse Schwierigkeiten bereitet, damit umzugehen. Es ist ein merkwürdiges Gefühl, mich mit jemandem ungezwungen zu unterhalten, dessen sexuelle Unzulänglichkeiten mir ziemlich detailgetreu bekannt sind. Und zu wissen, dass er keine Ahnung hat, dass sie mir bekannt sind. Wenn derjenige dann auch noch seine sexuellen Begabungen aus seiner Perspektive umschreibt, die sich ja in den meisten Fällen nicht unwesentlich von der Version seiner Freundin unterscheidet, macht es das nicht unbedingt einfacher.

Ach ja, der Frühling.

Da man sich gerade als Single Frühlingsgefühlen kaum entziehen kann, war ich am letzten Wochenende mit einer sehr modebewussten Freundin auf der Kastanienallee in Prenzlauer Berg unterwegs. Man muss dazu sagen, dass die Kastanienallee in gewissen Teilen meines Bekanntenkreises gern als «Castingallee» bezeichnet wird. Ein Kunstwort, das darauf schließen lässt, dass sich hier schöne Menschen aufhalten, die sich, bevor sie sich auf diesen, sagen wir mal, Catwalk begeben, erst einmal einige Stunden vor dem Spiegel darauf vorbereiten. Und das war wohl auch der Grund, aus dem ich dort war.

Während ich das sanfte Kribbeln der Sonnenstrahlen auf meiner Haut genoss, kriegte sich meine Freundin nicht mehr ein. «Mann, sieht die gut aus», rief sie, nachdem jede vierte Frau, die uns entgegenkam, außer Hörweite war. Ich sah mich irritiert um. Irgendetwas hatte ich da wohl nicht mitbekommen. Offenbar übersah ich gewisse Feinheiten, die diffizilen Nuancen des momentan in Berlin angesagten Kleidungsstils. Die meisten dieser «Mann, sieht die gut aus»-Frauen wirkten auf mich eher ungepflegt. Viele hatten Pickel im Gesicht. Aber laut meiner Bekannten musste das genau so sein. «Sieh dir nur mal die Frisur an», sagte sie. «Die hat mindestens zwei Stunden gebraucht, um genau so auszusehen.»

Ach? Insofern galt es in Berlin gerade als hip, sich auf kokainabhängig zu schminken. Nun gut. Mir fehlte wohl inzwischen ein gewisser Zugang. Ich hatte es ja schon im vergangenen Jahr nicht verstanden, warum plötzlich alle Frauen in Mitte diese unvorteilhaften glockenförmigen Kleider trugen. Anfangs dachte ich, sie wären alle schwanger. Ein neuer Babyboom, der an mir vorbeigegangen war. Obwohl ich mir dann doch die Frage stellte, welcher Mann mit einer solchen Frau überhaupt ein Kind will.

«Nicht vorteilhaft», würde da wohl mit hochgezogener Augenbraue mein Bekannter Hubertus sagen. Hubertus gilt als Style-Experte und wird gern in Boulevardsendungen eingeladen, um Frauen, deren Intelligenzquotient offenbar von ihrer Kleidungsgröße inspiriert wurde – und die auch so einkaufen –, in Fragen ihres Stils zu beraten. Frauen, die über den Satz «Lesen Sie keine Schönheitsmagazine, Sie werden sich nur hässlich fühlen» beunruhigend weit hinaus sind. Auch sie sind offensichtlich nicht in der Lage zu differenzieren. Wenn sie in der *Vogue* blättern, denken sie wahrscheinlich: «Wenn das bei den Models gut aussieht, muss es doch auch bei mir gut aussehen.» Eine einfache Gleichung. Eventuelle Gewichtsunterschiede werden dann schon mal gern ignoriert. Ohne Rücksicht auf Verluste.

Wir waren stehen geblieben. Ich fragte meine modebewusste Freundin, ob wir nicht noch in ein Restaurant am Helmholtzplatz gehen wollten. Als wir die Terrasse des Restaurants betraten, sah ich mich nach Frauen um. Wir setzten uns. Meine modebewusste Freundin erzählte mir noch einmal ausführlich, dass sie vor einigen Tagen ihren Freund verlassen hatte, weil sie auf dessen Rechner eine umfangreiche Sammlung von Filmen aus dem erotischen Erlebnisbereich gefunden hatte, die offensichtlich während ihrer Beziehung zusammengetragen wurde. Als ich es wagte, einige rechtfertigende Argumente in ihren Vernichtungsmonolog einzuwerfen, sagte meine modebewusste Freundin: «Setz doch endlich mal deine rosarote

Brille ab. Männer sehen Pornos. Und Männer onanieren jeden Tag. Das müsstest du als Mann doch am besten wissen.»

Ich als Mann? Für ein Gespräch mit dieser Tendenz war ich offensichtlich der falsche Ansprechpartner. Hier passte wohl eher eine Ansprechpartnerin, die gerade ihren Freund verlassen hatte, weil sie auf dessen Rechner eine umfangreiche Sammlung von Filmen aus dem erotischen Erlebnisbereich gefunden hatte. Besser wäre noch eine langjährige Single-Frau, die alle Männer dafür hasste, dass sie eine langjährige Single-Frau war. Um das Thema zu wechseln, gab ich der Kellnerin ein Zeichen und bestellte schnell ein Weizen.

Einige Stunden und mehrere Weizen darauf lief ich leicht schwankend die Senefelderstraße hinunter und reflektierte das Männerbild, das meine modebewusste Freundin an diesem Abend vor mir ausgebreitet hatte. Und was soll ich sagen, es war mir nicht fremd. Ich nahm mein Handy und schrieb die Worte «Wann sehen wir uns eigentlich wieder?». Ich dachte kurz darüber nach, welcher Frau aus meiner Telefonliste ich die Nachricht schicken sollte. Dann ging ich auf die SMS-Sendeoptionen und wählte «An viele senden». Ich verschickte die Nachricht siebenmal. Zu einem der Namen konnte ich nicht mal ein Gesicht zuordnen. Dann schaltete ich mein Handy aus und hatte irgendwie ein ungutes Gefühl.

Ich zündete mir schnell eine Zigarette an, um das zu vergessen.

DAS PRINZIP
DER SEXUELLEN
HÖRIGKEIT

Liebe Leser, ich bin ein Spießer. Das ist doch mal ein Anfang, oder? Ein selbstkritischer Anfang. Ein Anfang, der von einem gewissen Grad an innerer Reife zeugt. Von Ehrlichkeit. Von Verletzlichkeit. Die Leser wollen das. Sie wollen den Autor als Mensch. Sie wollen einen Autor, der zu seinen Schwächen steht.

Meine Schwäche ist offensichtlich eine gewisse Tendenz zur Spießbürgerlichkeit. Mir selbst ist es lange Zeit nicht aufgefallen. Vor einigen Monaten machte mich jedoch mein Bekannter Gregor mit diesem Gedanken vertraut. Wenn ich ihn richtig verstanden habe, steht es sogar schon ziemlich schlecht. Ich kann gewissermaßen nicht mehr zurück. «Oh», mag jetzt der eine oder andere denken, «habe ich den Mann bisher falsch eingeschätzt?» Vielleicht. Wir werden sehen.

Vor einiger Zeit traf ich mich mit Gregor in einem Restaurant. Im Laufe der Unterhaltung sprach ich ihn behutsam auf eine Geburtstagsfeier an, auf der er meiner damaligen Freundin Sarah Bier in ihr Haar und auch ihr Gesicht spritzte. Sarah war nicht unbedingt begeistert, was ich nachvollziehen konnte, als sie es mir erzählte.

Ich konnte es nachvollziehen. Man merkt, der Spießer in mir meldete sich zu Wort.

Gregor wiederum konnte das in keiner Weise nachvollziehen, denn die Bierspritzer im Gesicht meiner Freundin waren ja schließlich ein, wie er sich ausdrückte, «Kollateralschaden». Sie stammten nämlich aus dem Glas, das Gregor aus Gründen, die ich nicht richtig verstanden habe, seiner Freundin in den Ausschnitt ihres Kleides kippte. Vielleicht hatte es ja in seinen Augen einen symbolischen Wert. Vielleicht illustrierte es eine bestimmte geistige Haltung. Wie auch immer, er wird wohl gute Gründe gehabt haben. Als ich vorsichtig andeutete, dass es nicht unbedingt zu meinem Selbstverständnis gehöre, auf diese Weise mit Frauen umzugehen, sagte mein Bekannter entschieden: «Du bist ja auch ein Spießer.»

Er sagte das in einem Tonfall, als wäre es nun endlich an der Zeit, dass mir das mal jemand sagt. Es war gut gemeint, ein Freundschaftsdienst. Eine Hilfestellung bei der Entwicklung meines allgemeinen Selbstwahrnehmungsprozesses.

Einige Wochen darauf verließ ihn seine Freundin. Offensichtlich hatte auch sie den Spießer in sich entdeckt.

Mit seiner ungewohnten Offenheit hatte mir Gregor die Augen geöffnet. Jetzt verstand ich auch endlich mein Verhalten in bestimmten Situationen. Ein Verhalten, das mir bisher offensichtlich überaus rätselhaft hätte erscheinen müssen. Die verstreuten Puzzleteile fügten sich zusammen. Und was sich da zusammenfügte, sah gar nicht gut aus.

Nehmen wir zum Beispiel die folgende Geschichte: Einmal war ich sehr verliebt. Ein halbes Jahr lang traf ich mich mit einer Frau, die mit ihrem Freund ziemlich unglücklich war. Ich hörte mir in stundenlangen Gesprächen ihre Probleme an. Ich war also der Mann, mit dem sie ihre Probleme besprach. Ihr

Freund war der Mann, mit dem sie schlief. Tja. Es war nicht unbedingt die glücklichste Zeit meines Lebens.

Später kamen wir dann zusammen. Kurz darauf traf ich mich mit meinen Freunden in einer Bar. Männerrunde. Wenn sich Männer treffen, sprechen sie ja in den seltensten Fällen über ihre Lieblingsfarben. Wir reden über Frauen. Natürlich nicht ausschließlich, das Thema wird jedoch mit einer gewissen Ausführlichkeit erörtert. Und auch an diesem Abend war das Interesse nach dem Stand meines «aktuellen Projekts» ziemlich groß. Als ich andeutete, dass ich jetzt mit ihr zusammen wäre, fragte mich einer meiner Bekannten: «Und, haste auch ordentlich reingejaucht?»

Denjenigen, die jetzt vielleicht denken, sie haben sich gerade verlesen, kann ich versichern, dass das nicht der Fall ist. Er sagte «reingejaucht».

Stellen wir es uns doch noch einmal vor: Wir sind frisch verliebt. Wir kommen endlich mit der Frau unserer Träume zusammen. Der Sex hat noch etwas Unwirkliches, etwas Unnahbares. Und dann erzählt uns ein guter Freund etwas von «reinjauchen». Schwierig. Außerordentlich schwierig.

Die meisten Männer meines Bekanntenkreises, vor allem diejenigen, die schon seit längerer Zeit in einer Beziehung leben, sind immer sehr interessiert an meinem Sexualleben. Sie wollen immer alles ganz genau wissen. En détail. Auch das ist für mich immer ein wenig schwierig. Es hängt wohl mit dieser Spießer-Denke zusammen. Leider gehöre ich nicht unbedingt zu den Menschen, die detailverliebt Einzelheiten ihres Intimlebens vor anderen ausbreiten, gewissermaßen auf Gebrauchsanweisungsniveau. Aus irgendeinem Grund jedoch erwarten meine Bekannten genau das von mir. Vielleicht wollen sie damit etwas kompensieren. Ein Freund erzählte mir einmal von einer wissenschaftlichen Erhebung, in der festgestellt wurde, dass Männer am glücklichsten sind, wenn sie alle drei oder vier Jahre ihre Partnerin wechseln. Vielleicht hängt das Interesse meiner Bekannten damit zusammen. Vielleicht brauchen sie einen Ausgleich. Leider bin ich in dieser Hinsicht jedoch nicht der richtige Ansprechpartner.

Auch als ich jünger war, stand mir meine ausgeprägte Spießbürgerlichkeit oft im Weg. Vor allem in Bezug auf Frauen. Ich war nämlich ziemlich schüchtern, wenn es um Frauen ging. Schüchtern zu sein, und dann auch noch geistig unbeweglich, mit einer ausgeprägten Konformität zu gesellschaftlichen Normen – eine, man möchte schon sagen, ausgesprochen hoffnungslose Ausgangsposition.

Aber wie so oft in meinem Leben hatte ich Glück. Sehr viel Glück sogar. Ich hatte einen Bekannten, der die Frauen verstand. Er wusste, wie sie denken. Er kannte ihre Träume. Seine Veranlagung schien der Veranlagung des Charakters, den Mel Gibson in dem Film *Was Frauen wollen* verkörpert, nicht unähnlich zu sein. Einen solchen Mann wünscht man sich natürlich als Berater in Frauendingen. Und einen solchen Mann hatte ich glücklicherweise als Berater. Zumindest wenn man von seinem Selbstbild ausging. Ein Berater, der mich gern beriet.

Damals traf ich mich in unregelmäßigen Abständen mit einer Frau, die mir bei jedem unserer Treffen versicherte, wie glücklich sie in ihrer Beziehung war. Dann verliebte ich mich in sie und fragte meinen Bekannten um Rat. Der sagte, ohne lange darüber nachzudenken: «Das ist doch ganz einfach. Du musst sie ficken. So schnell wie möglich. Du musst ihr praktisch das Gehirn rausficken. Sie muss dir verfallen», und dann, nach einer Kunstpause: «Das ist das Prinzip der sexuellen Hörigkeit.»

Das Prinzip der sexuellen Hörigkeit also. War es wirklich so einfach? Einfache Lösungen gelten ja oft als die besten. Seitdem mich mein Bekannter beraten hatte, hämmerten bei jedem Treffen mit dieser Frau die Worte «sexuelle Hörigkeit» in meinem Kopf. Der Druck wurde stärker. Ich konnte mich nicht mehr konzentrieren. Wir kamen nie zusammen. Irgendetwas hatte ich wohl falsch gemacht.

Als ich dann später mit Sarah zusammen war, trafen wir meinen Mel-Gibson-Bekannten zu einem gemeinsamen Frühstück. Er erzählte ihr, dass er in einer der letzten Nächte siebenmal mit einer Frau geschlafen hatte. Er formulierte es allerdings etwas anders. Er sagte: «Nenn mich Mr. ‹Sieben Mal die Nacht›.» Sarah sah mich irritiert an. Ich hatte den Eindruck, dass hier gerade etwas in die falsche Richtung lief, und versuchte, ihr so beruhigend wie möglich zuzunicken. Dann schenkte ich ihr Kaffee nach.

Dann sagte Mel zu meiner Freundin: «Frauen, die sich nicht in den Arsch ficken lassen, sind in meinen Augen keine Frauen.»

Ich sah auf. Hier lief definitiv etwas in die falsche Richtung. Sarah sah mich fassungslos an. Ich sah meinen Bekannten fassungslos an. Es war mir unangenehm, ziemlich unangenehm sogar. Mein unangenehmes Gefühl werden jetzt sicherlich die wenigsten verstehen können. Ich kann den Grund dieses Gefühls leider nur folgendermaßen erklären: Es ist so ein Spießer-Ding. Und wer könnte das besser sagen als ich.

«LEIDENSCHAFT, LUST AUF WILDEN SEX!»

Heute Morgen hatte ich ein zutiefst menschliches Erlebnis. Dank Erich Bauer – der Mann ist auf meiner Seite. Erich Bauer, dessen Name mir, das muss ich ein wenig beschämt eingestehen, bisher kein Begriff war, obwohl er laut *Bild*-Zeitung als «Star-Astrologe» gilt, versprach mir heute morgen auf Bild.de euphorisch: «Diese Woche gelingt alles!»

«Fünf Glückstage in dieser Woche machen alles möglich.» Und Erich Bauer geht sogar noch einen Schritt weiter: «Alles kann gelingen – in Partnerschaft, Beruf, beim Lotto.»

«Seit über 30 Jahren bin ich Astrologe, aber noch nie habe ich diese wunderbare Sternkonstellation gesehen!», gesteht Erich Bauer entzückt und, wenn ich mich nicht täusche, sogar mit einer gewissen Fassungslosigkeit. Man merkt, es menschelte kräftig in der Welt der Star-Astrologen, und ich muss zugeben, es wirkte. Erich Bauer weckte das Kind in mir. Er katapultierte mich zurück in meine naive Phase.

Ich hatte Vertrauen gefasst. Und das soll schon etwas heißen, wenn man bedenkt, wie der Mann aussieht. Erich Bauer, der am 18. 09. 1942 um 15 Uhr 20 (!) in Dinkelsbühl das Licht der Welt erblickte, sieht auf vielen Fotos aus, als würde er in einer Laienspielgruppe den Gandalf aus der *Herr-der-Ringe*-Trilogie geben. Er ist auch nicht allzu telegen: Im Fernsehen wirkt er, als hätte er ein nicht unerhebliches Alkoholproblem.

Aber das war mir weitestgehend egal, denn schon der heutige Montag versprach laut Erich Bauer ein phantastischer Tag zu werden: «Mars-Energie sorgt für Super-Sex.» Und Erich Bauer präzisiert: «Leidenschaft, Lust auf wilden Sex! Singles können die große Liebe finden!»

Nun, ich bin Single. Erich Bauer machte mir Hoffnung.

Es ist natürlich nicht sehr wahrscheinlich, dass es unvermutet an meiner Bürotür klopft und eine Frau – die große Liebe meines Lebens – eintritt, weil sie sich in der Tür geirrt hat. Noch unwahrscheinlicher ist es, dass sie nach einem kurzen Blick gesteht, dass sie in Bezug auf mich ähnlicher Ansicht ist. Um also meinem persönlichen Glück ein wenig nachzuhelfen, machte ich eine ausgedehnte Mittagspause. Ich schlenderte eine Stunde durch Mitte. Münzstraße, Hackescher Markt, Friedrichstraße, ich war sogar in der Belletristik-Abteilung im Dussmann-Kulturkaufhaus. Es war bedeckt, es regnete, auf den Straßen waren nur wenige Frauen unterwegs – und diese wirkten nicht unbedingt, als würde sich aus einem spontanen Kennenlernen die große Liebe meines Lebens entwickeln. Das gab meiner Euphorie einen nicht unempfindlichen Dämpfer und erinnerte mich daran, dass ich zu Horoskopen eigentlich ein eher gespaltenes Verhältnis habe.

Ich habe einige Jahre in Köln gelebt, einer Stadt, die mir die Möglichkeit gab, mich mit einem Bewusstseinszustand auseinanderzusetzen, der für mich neu war. Alle Frauen, die ich dort kennenlernte, erkundigten sich in unserer ersten Unterhaltung nach meinem Sternzeichen. Ich bin Ende Februar geboren, also im Sternzeichen Fische. Beunruhigend war, dass die Frauen auf diese Information sehr ähnlich reagierten. Und auch sehr emotional. Martina warf mir beispielsweise einen mitfühlenden Blick zu, machte eine irgendwie sehr endgültige Geste und sagte: «Gott! Fische. Das hätte ich mir denken können!»

Ich weiß, das klingt jetzt sehr unverantwortlich, und ich wage kaum, es hier aufzuschreiben, aber bevor ich nach Köln zog, hatte ich mich noch nie ernsthaft mit den Auswirkungen meines Sternzeichens auf meine Persönlichkeit auseinandergesetzt. Ich begriff allerdings sehr schnell, dass Männer, die im Sternzeichen Fische geboren wurden, anscheinend unhaltbar sind. Sie haben keine Chance. Als Fische-Mann befand ich mich praktisch im freien Fall, und nach Martinas Blicken zu urteilen, würde ich wohl demnächst auch aufschlagen.

Allerdings gäbe es da noch eine letzte Möglichkeit, einen letzten Ausweg. Martina schwieg einige Sekunden, bevor sie mir mit angespannten Zügen die Frage stellte, die ja, wenn ich es richtig verstanden hatte, praktisch über mein Leben entschied. Die Frage nach meinem Aszendenten. Unglücklicherweise hatte ich keine Ahnung, was mein Aszendent war. Genau genommen wusste ich nicht einmal, was ein Aszendent überhaupt ist. Meiner ist Waage, was gut zu sein scheint. Martinas Züge entspannten sich, als sie es herausgefunden hatte, und auch für mich war es ein befreiendes Gefühl. Der Druck ließ nach, zumindest vorerst. Allerdings blieb er gegenwärtig, er ließ mich nicht los.

Sternzeichen: Fische, Aszendent: Waage. Hatte ich diesen offenbar sehr essentiellen Aspekten in meinem Lebensentwurf zu wenig Bedeutung beigemessen? Ich war irritiert. So irritiert, dass mich Linda, eine Kollegin, die sich sehr eingehend mit Astrologie beschäftigte, überzeugen konnte, mit Hilfe einer speziellen Astrologie-Software mein Persönlichkeitshoroskop zu erstellen.

Am nächsten Abend lag das vierzig Seiten zählende Horoskop auf meinem Schreibtisch. Ich las es. Es las sich wie ein Psychogramm. Der erste Satz, der mich nicht unwesentlich beunruhigte, lautete: «In der Liebe geht es Ihnen mehr darum, sich selbst zu schmeicheln als ein tiefes Gefühl zu befriedigen.»

Oh.

Um ehrlich zu sein, dachte ich nur anfangs, sozusagen im Affekt, «Oh». Ich las den Satz noch einige Male. Dann dachte ich: «Scheiße.»

«Flieht, Ihr Narren, flieht!», zitierte mein Bekannter Michael mit großer Geste den Zauberer Gandalf, als ich ihn fragte, wie er die *Herr-der-Ringe*-Filme fand. Als ich noch in Köln lebte, hat er mich für einige Tage besucht. Am ersten Abend waren wir auf der Party eines Freundes, auf der wir auch Linda trafen. Im Laufe der Unterhaltung kam heraus, dass ziemlich viele Michaels zu meinem Berliner Bekanntenkreis zählen. Auf die Frage, warum wir denn alle Michael heißen würden, antworteten wir, dass zu DDR-Zeiten pro Jahr jeweils drei Jungen- und drei Mädchennamen zugeteilt wurden. Nur aus diesen Namen durfte man wählen.

Linda sah uns mit fassungsloser Miene an. Wahrscheinlich ein ähnlicher Gesichtsausdruck wie der, mit dem Erich Bauer, das versoffen wirkende Gandalf-Plagiat aus Dinkelsbühl, feststellte, dass er in seinen 30 Jahren Berufserfahrung als Astrologe noch nie eine so «wunderbare» Sternkonstellation gesehen hat wie in dieser Woche.

«Leidenschaft, Lust auf wilden Sex! Singles können die große Liebe finden!»

Der Montag ist noch nicht vorbei. Es kann noch viel passieren. Und Erich Bauer ist auf meiner Seite.

DER BESSERE
BERLINER

Kürzlich erhielt ich wieder einen dieser Anrufe. Freunde aus Köln waren für einige Tage in der Stadt und wollten wissen, wo sie abends noch feiern könnten. In solchen Dingen gelte ich wohl als richtiger Ansprechpartner. Als Experte. Man sieht mich als Insider des Berliner Nachtlebens. Der Mann, der sich in der Szene auskennt. Der Mann, der die richtigen Tipps geben kann.

Bei realistischer Betrachtungsweise muss ich jedoch gestehen, dass das leider ein großes Missverständnis ist. Es schmeichelt sicherlich meiner Eitelkeit, ist aber dennoch ein Missverständnis. Ich bin eher jemand, der sich bei Fragen nach dem richtigen Club ziemlich schwer tut. Mir fallen zwar sofort relativ viele Möglichkeiten ein, oft verwerfe ich meine Ideen jedoch schnell wieder.

Vielleicht liegt es an diesem «Wenn wir schon mal in Berlin sind, muss es sich lohnen – und jetzt bist du dafür verantwortlich»-Unterton. Vielleicht liegt es daran, dass ich etwas Außergewöhnliches empfehlen möchte. Etwas Cooles. Meinen Freunden will ich natürlich mehr bieten. Ich möchte ihnen einen Insider-Tipp geben. Sie sollen sich nicht als Touristen fühlen.

Es ist ja so: Die hippen und coolen Berliner Clubs werden vorwiegend von Touristen besucht. Auch von Touristen, die schon ein wenig länger in Berlin leben. Clubs wie White Trash, Panorama-Bar oder Rodeo stehen schließlich in jedem Artikel, der sich mit der hippen Metropole Berlin befasst. Und Berlin scheint gerade mal wieder sehr hip zu sein, denn momentan gibt es viele dieser Artikel.

Abgesehen davon fällt eine schlechte Empfehlung ja schnell auf einen zurück. Das ist dann so ähnlich, als würden die euphorischen Berlin-Besucher mich in meiner Wohnung besuchen, um begeistert in einen «Davon muss ich zu Hause aber etwas erzählen können»-Abend zu starten – und ich öffne ihnen im violetten Trainingsanzug die Tür, lege erst mal eine Peter-Maffay-CD ein und stelle eine Flasche Eierlikör auf den Tisch. Man merkt, der Druck erhöht sich, wenn man als Insider des Berliner Nachtlebens gilt.

Um ehrlich zu sein, sind wir Berliner auch untereinander ziemlich ratlos, wenn es darum geht, in welche Clubs man gerade so gehen kann. Letztens hat mich meine gute Freundin Sophie gefragt, ob wir mal wieder zusammen ausgehen wollen. Ich gehe gern mit Sophie tanzen. Zum einen, weil man mit ihr Spaß haben kann, zum anderen, weil mir vor einiger Zeit ein Bekannter anvertraut hat, Männer würden auf das weibliche Geschlecht wesentlich attraktiver wirken, wenn sie schöne Frauen zum Lachen bringen.

Auf die «Wo wollen wir denn eigentlich hingehen?»-Frage folgte dann allerdings doch eine etwas verhaltene Stille. Wir machten ein paar halbherzige Vorschläge, die wir aber auch schnell wieder verwarfen. Letztendlich gingen wir nicht tanzen, sondern entschieden uns für ein Restaurant am Helmholtzplatz. Wir bestellten uns Weizen, stiegen dann jedoch relativ schnell auf Wodka-Red Bull um. Nach dem zweiten Wodka-Red Bull begann der Abend eine gewisse Eigendynamik zu entwickeln. Als Sophie auf der Toilette war, sagte die Kellnerin zu mir: «Ich habe noch niemanden gesehen, der bei seinem ersten Date so viel trinkt.»

Ein erstes Date also. Insofern weiß ich jetzt, wie Männer wirken, wenn sie schöne Frauen zum Lachen bringen.

Sophie, die hin und wieder modelt und die ihre bisherige Model-Erfahrung gern mit Sätzen wie «Es ist auch einfacher als zum Beispiel beim Studium ein Referat zu halten – man muss nicht reden» zusammenfasst, hat letztens bei Google «Leberschaden nach dauerhaftem Alkoholgenuss» eingegeben. Sie hatte «hier irgendwo rechts unten» Schmerzen und befürchtete wohl, ihre Leber befinde sich bereits in einem riskanten Stadium einer durch Alkohol bedingten Leberverfettung. Sie ist 26 Jahre alt. Und als ausgewiesene Alkoholikerin würde ich sie nicht unbedingt bezeichnen. Wesentlich bedenklicher finde ich zum Beispiel die Aussage meines Bekannten Mirko, der in regelmäßigen Abständen in Bezug auf seinen Alkoholkonsum der Hoffnung Ausdruck gibt, «endlich mal wieder festen Stuhl» zu haben.

Vor einiger Zeit ging Sophies beste Freundin davon aus, sie hätte Augenlid-Krebs. Augenlid-Krebs! Sophie erzählte mir das in einem Tonfall, als würde sie das für eine überlegenswerte Diagnose halten. Nun, ich bin kein Experte, doch selbst für einen Laien wie mich klingt eine solche Theorie ein wenig weit hergeholt. Offensichtlich sozialisiert der Umgang mit Hypochondern wie Sophies Freundin erheblicher, als ich bisher angenommen hatte.

116

Am Samstag habe ich meinen Freund Andy besucht, dem das Core Tex, ein ziemlich bekannter Plattenladen in Kreuzberg, gehört. Weil bei ihm Alkohol auch in einem bemerkenswerten Maß Lebensphilosophie ist, hat er in seinem Laden einen großen Kühlschrank aufstellen lassen, der mit Bierflaschen gefüllt ist. Abends sitzt er dann mit Leuten, die Heini, Atze oder Porno genannt werden und sehr tätowiert sind, auf der Bank vor dem Laden. Sie trinken Bier und unterhalten einen verhältnismäßig großen Abschnitt der Oranienstraße.

Diesmal war auch ich dabei.

Ich kam gegen acht Uhr, wurde lautstark begrüßt und nahm mir erst mal ein Bier.

Auf der Strichliste, auf der Andy die getrunkenen Biere notierte, las ich, wie weit die anderen schon waren. Andy hatte drei Bier getrunken, Erol fünf und Atze zweiundzwanzig.

Zweiundzwanzig Halbliterflaschen! Elf Liter Bier!

Atze konnte noch stehen, sich sogar artikulieren. Der Mann war offensichtlich im Training. Atze ist Sänger einer bekannten deutschen Streetpunk-Band, einer Band, die in ihren Anfangstagen (als er noch im Gefängnis saß) nur Konzerte spielen konnte, wenn er Ausgang hatte. Irgendwann stellte Atze fest, dass es nun langsam an der Zeit wäre, auf Schnaps umzusteigen. Er verabschiedete sich und machte sich auf den Weg in den Trinkteufel, eine Kneipe, in der, wie mir Andy versicherte, in der Regel jeden Abend mit einer Schlägerei zu rechnen ist.

Während Andy mir erzählte, dass er zu seiner Eigentumswohnung gerade alle Wohnungen derselben Etage «dazugekauft» hatte, überlegte ich, ob ich meinen Berlin-Besuchern den Trinkteufel empfehlen sollte. Dann hätten sie, in ihre Heimatstadt zurückgekehrt, sicherlich einige aufsehenerregende Geschichten zu erzählen.

Berlin ist beliebt. Meine Kölner Bekannte Christina ist auch gerade in die Stadt gezogen. Als wir am Wochenende miteinander telefonierten, versicherte sie mir enthusiastisch: «Ich bin schon so was von ne Berlinerin.»

Aha. Schon jetzt. Es geht offensichtlich immer schneller, in Berlin anzukommen. In einigen Wochen kennt Christina die Stadt wahrscheinlich besser als ich. In einem halben Jahr wird sie sie mir erklären können. Christina ist bereits jetzt auf dem besten Weg, ein besserer Berliner zu sein, als ich es je war.

Zumindest weiß ich jetzt, bei wem ich Rat suchen werde, wenn mich wieder einmal auswärtige Freunde nach einer lohnenswerten Abendplanung fragen.

ICH WÜRDE GERN MIT IHNEN ZUSAMMEN-ARBEITEN ...

Ich habe oft das Gefühl, dass die Zeit an mir vorbeiläuft, dass die wichtigen Themen nicht bei mir ankommen, weil ich ihnen aus Gründen, die ich nicht verstehe, zu wenig Bedeutung beimesse. Ich kann es nicht erklären, aber ich kann mich selten zu Dingen äußern, über die irgendwie gerade alle reden. Themen, zu denen man eigentlich eine Meinung haben sollte.

Das passiert mir manchmal auf Geburtstagsfeiern, deren ehrgeizige Gastgeber das Gefühl haben, mich an die Hand nehmen zu müssen, und die mich schnell Gesprächspartnern vorstellen, die ihrer Meinung nach gut zu mir passen. Meistens werden in solchen Gesprächsrunden jedoch Themen erörtert, zu denen mir der Zugang fehlt. Einmal fand ich mich dank eines vorschnellen Gastgebers in einer Gesprächsrunde wieder, in der Autohändler die Finanzkrise diskutierten. Ich muss dazu sagen, dass ich in wirtschaftlichen Fragen generell kein geeigneter Ansprechpartner bin, was gerade in Zeiten einer Finanzkrise schwierig ist, die ich in meinem Alltag nur wahrnehme, wenn ich die Nachrichten sehe oder die Zeitung aufschlage. Ich nehme die wirtschaftlichen Probleme zwar irgendwie wahr, allerdings berühren sie mich nicht. Sie sind für mich nicht greifbar. Sie betreffen mich nicht. Würde ich keine Nachrichten sehen, würde ich nichts von unseren wirtschaftlichen Problemen mitbekommen.

In der Unterhaltung mit den Autohändlern begriff ich schnell, dass meine Gesprächspartner in Bezug auf diese Krise – sagen wir mal so – im Gegensatz zu mir reich an Schicksal ausgestattet waren. Ich sagte eine Stunde lang kein Wort, hin und wieder nickte ich oder guckte ergriffen, wenn es mir passend schien, um überhaupt irgendwie auf die Schicksale der Männer zu reagieren, die bereits die Möglichkeit eines nahenden Bürgerkriegs erörterten. Bürgerkrieg in Deutschland? Da holte ich mir lieber erst mal ein Bier, um nach geeigneteren Ansprechpartnern zu suchen.

In den meisten Fällen werden mir Menschen vorgestellt, die in der gleichen Branche arbeiten wie ich, was auch nicht unbedingt besser ist. Werber. Wenn ich abends ausgehe, spreche ich, wie wir ja wissen, ungern über die Arbeit. Abgesehen davon bin ich auch nicht der Typ, der sich zu den großen wirtschaftlichen Zusammenhängen der Branche, die ja immer irgendwann erörtert werden, äußern kann. Ich habe keine Meinung. Insofern sage ich in solchen Gesprächen ungefragt lieber nichts. Das ist nicht so schlimm, denn meine Gesprächspartner sind häufig Menschen, die gern Antworten geben, ohne überhaupt gefragt worden zu sein. Menschen, die Leute, die sie gerade kennenlernen, danach sortieren, was sie darstellen. Sie haben zu allem eine Meinung. Sie verunsichern mich immer ein wenig, weil sie für meine Begriffe ein bisschen zu viel Meinung haben. Ich fühle mich ihren Meinungen ausgeliefert.

Die meisten Menschen dieser Art halten sich für sehr interessant, und so geben sie sich auch. Sie sprechen sehr viel. Wenn sich das Gesprächsthema von ihnen entfernt, haben sie schnell diesen unruhigen «Jetzt lasst uns doch mal wieder zum Thema kommen»-Blick. Wenn sie dann endlich wieder dran sind, führen sie ihre Ausführungen an dem Punkt weiter, an dem sie sie vor zehn Minuten unterbrochen hatten. Als wäre das vielleicht zehnminütige Gespräch der anderen Gesprächsteilnehmer eine unwesentliche Kunstpause gewesen, um gewissermaßen die Spannung ihrer Ausführungen zu erhöhen. Wahrscheinlich sind sie sogar in der Lage, einen begonnenen Halbsatz nach einer halben Stunde einfach so weiterzuführen. Gesprächspartner zählen bei solchen Menschen nicht. Sie sind eher Stichwortgeber für den nächsten umfangreichen Monolog.

Wie gesagt, man fühlt sich ausgeliefert. Und selbst wenn ich einer dieser ehrgeizigen Gesprächspartner wäre, die den Anspruch haben, eventuelle Gemeinsamkeiten schnell herauszuarbeiten, würde es nicht funktionieren, weil es keine Gemeinsamkeiten gibt, die man herausarbeiten könnte. In solchen Runden fühle ich mich fremd. Und in letzter Zeit ertappe ich mich immer häufiger bei dem Gedanken, das auch deutlich zu machen.

Ich könnte beispielsweise in die Bowle pinkeln. Aber ich glaube, dass ich das nicht könnte, zumindest nicht vor so vielen Zuschauern. Schade eigentlich. Aber Gott sei Dank gibt es ja noch andere Möglichkeiten. Man könnte die routinierten «Mir macht hier niemand etwas vor»-Sätze unseres Gesprächspartners, die wirken, als würde er sie jeden Tag vor dem Spiegel noch einmal sorgfältig proben, falsch verbessern. Mit falschen

Komparativen vielleicht. Oder noch besser, mit falsch ange-
wandten Fällen.

Man könnte sagen: «Sagten Sie gerade ‹Mit den wirtschaftlichen Problemen?› Sie meinen sicher: Mit die wirtschaftlichen
Probleme.» Oder als Variation: «Mit dit bei wo die wirtschaftlichen Probleme».

Es würde meinen Gesprächspartner irritieren, vielleicht
sogar verunsichern. Er würde für einige kurze Momente aus
seiner sorgfältig modellierten Rolle fallen und wäre sich in
diesem Moment der Unsicherheit wohl näher, als er es sich in
den letzten Jahren war.

Kürzlich lernte ich einen Mann auf einer Party kennen, der
feststellte, dass ich ihm irgendwie bekannt vorkam. Er konnte
mich jedoch nicht wirklich einordnen. Der Mann war in Be-
gleitung einer Frau, deren Gesichtsausdruck darauf schließen
ließ, dass er sie genauso langweilte wie mich. Er sah mich
abwartend an, und ich ertappte mich bei dem Gedanken, zu
erzählen, ich sei ein bekannter Pornodarsteller, im homoero-
tischen Bereich vielleicht, um dann mit einem offenen «Wir
verstehen uns»-Nicken aufzulösen, woher man sich so kennen
könnte. Und dann mit einem offenen Lächeln den konster-
nierten Blick seiner Begleiterin zu registrieren.

Für einen kurzen Augenblick war ich kurz davor.

Ich habe es dann doch nicht gemacht, aber ich glaube, es
dauert nicht mehr allzu lange. Es zieht mich gewissermaßen
zur Bahnsteigkante.

Im Gegensatz zu diesen Leuten ordne ich Menschen, die ich
gerade kennenlerne, weniger danach ein, was sie darstellen,
sondern eher danach, was sie mögen. Ich spreche lieber über

Bücher, Filme oder Musik als über Themen, zu denen man sich äußert, um zu beweisen, dass man irgendwie mitmacht.

In dem ausgezeichneten Film *Out of Sight* verlieben sich Jennifer Lopez und George Clooney ineinander, obwohl sie in miteinander unvereinbaren Welten leben. Er ist ein Bankräuber auf der Flucht, sie die Polizistin, die ihn jagt. Sie lernen sich unfreiwillig kennen, als er aus dem Gefängnis ausbricht und sie als Geisel nimmt. Sie liegen im Kofferraum des Fluchtwagens und unterhalten sich über Filme. Über etwas, das sie mögen. Das, was sie darstellen, rückt im Laufe der Handlung immer mehr in den Hintergrund. Es gibt natürlich kein Happy End, allerdings hat *Out of Sight* die beste Liebesszene, die ich bisher in einem Film gesehen habe. Vielleicht beschreibt das ja am besten, was ich meine.

Am Freitag lernte ich auf einer Party ein Paar kennen, das, obwohl sie schon seit einigen Jahren zusammen waren, offenbar ebenfalls in miteinander unvereinbaren Welten lebte. Silvia und Olaf. Silvia war mir nicht unsympathisch, was allerdings nicht unbedingt auf Olaf zutraf. Auch Olaf hatte viel Meinung. Sogar so viel, dass sich der Gedanke geradezu aufdrängte, in der Beziehung der beiden würde nicht mehr allzu viel Meinung für Silvia übrigbleiben. Und auch ihr Gesichtsausdruck ließ darauf schließen. Sie wirkte, als hätte sie es irgendwann aufgegeben.

Man sagt ja, dass sich Gegensätze anziehen. Bei den beiden schien Olafs Art allerdings eventuelle Gegensätze einfach überrollt zu haben. Die Rollen waren verteilt. Oder, um es deutlicher zu formulieren, Olaf hatte sie verteilt. So gesehen war es nur folgerichtig, dass er die Hauptrolle hatte. So wie er sie in unserem Gespräch verteilt hatte. Ich befand mich wieder in einer dieser Situationen, in denen man konzentriert auf die Stellen wartet, an denen man angemessen reagieren kann. Bei Olaf war das gar nicht so einfach. Ich lächelte viel in unserem «Gespräch». Es war kein echtes Lächeln, aber ich glaube nicht, dass er das registriert hat. Mir taten schon die Mundwinkel weh. Ich dachte ernsthaft darüber nach, ob ich schon davon gehört hatte, dass man auch im Gesicht einen Muskelkater bekommen konnte, oder vielleicht einen Krampf. Ich sah mein grotesk entstelltes Gesicht schon vor mir. Der Gesichtsausdruck eines geistig behinderten Kindes, das gerade einen Anfall hatte. Aber womöglich kam das ja einer angemessenen Reaktion auf Olafs Ausführungen am nächsten.

Dann – sehr plötzlich – passierte etwas Unerwartetes. Silvia unterbrach Olaf. Genau genommen unterbrach sie ihn nicht nur, es war irgendwie erbarmungsloser. Sie achtete einfach nicht mehr auf ihn. Er war nicht mehr da. Silvia war ausgebrochen.

Sie sah mich an und sagte: «Wissen Sie, Sie kommen mir irgendwie bekannt vor. Wir kennen uns, nicht wahr?»

Nach Olafs Gesichtsausdruck zu schließen, war er sich in diesem Moment wahrscheinlich wirklich näher als in den letzten Jahren. Ich hatte fast Mitleid mit ihm, dann fiel mir jedoch wieder ein, dass es mir mit diesem Mann wie mit der in den Medien so umfangreich besprochenen Finanzkrise ging. Ich nahm ihn wahr, aber er berührte mich nicht. So gesehen waren Silvia und ich auf einer Seite. Silvia schien das ähnlich zu sehen. Sie war ja gerade von der Bahnsteigkante gesprungen.

Dann sprang ich von der Bahnsteigkante. Ich erzählte Silvia

in gemütlichem Plauderton, dass ich ein ziemlich bekannter Pornodarsteller wäre, und versicherte ihr, dass ich gern mal mit ihr «zusammenarbeiten» würde. Mit einem höflichen Kennerblick. So wie man einen guten Wein beurteilt, den richtigen Jahrgang. Ihre Augen leuchteten interessiert. Sie warf Olaf einen nachlässigen Seitenblick zu. Es wirkte, als hätte sie gerade mit ihm Schluss gemacht. Sie sah mich lächelnd an. Als ich ihr meine Karte gab, warf sie mir einen dieser Blicke zu, als hätte sie gerade begriffen, dass das Leben mehr ist als das, was sie bisher darunter verstand.

Ich verstand sie. Ich verstand sie sogar sehr gut. Man hatte ihr schließlich gerade eine Hauptrolle angeboten.

OST-BERLIN

Als ich am vergangenen Mittwochnachmittag auf dem Weg zu meinem Bekannten Johannes war, geschah etwas ziemlich Beunruhigendes. Ich war mit dem Fahrrad unterwegs, kam aus meinem Büro in Mitte und fuhr gerade die Senefelderstraße in Prenzlauer Berg Richtung Kollwitzplatz hinunter. Dann, kurz bevor ich den Kollwitzplatz erreichte, verschob sich irgendwie die Zeit. Sie lief plötzlich sehr langsam ab. Sogar unerträglich langsam, wenn man gerade mit dem Fahrrad aus Berlin-Mitte kommt. Das Beunruhigende war, dass es nur mir aufzufallen schien. Auf den Bürgersteigen bewegten sich die Passanten wie in Zeitlupe. Vor mir fuhren zwei Frauen mit ihren Fahrrädern in der anderen Zeitebene. An ihren Sätteln waren Kindersitze befestigt. Ich wäre ihnen fast hinten reingefahren.

Ich hielt erst mal an.

Am Kollwitzplatz war alles ruhig, beschaulich, zu beschaulich. Aus irgendeinem Grund hatte ich das Gefühl, neben der Zeit zu sein. Irgendwie außerhalb. Ich fühlte mich fremd. Ich war ein Berliner mitten in Berlin, in meiner Stadt. In einer Gegend, die mir einmal ziemlich viel bedeutete, als ich jünger war. Dann begriff ich, warum ich mich hier so fremd fühlte. Ich war nicht mehr im Berliner «Szene-Bezirk» Prenzlauer Berg. Ich war in einer Kleinstadt, irgendwo im Süden. Vielleicht in Baden-Württemberg. Das war es wohl. Das Gefühl hielt nicht allzu lange an. Aber es reichte schon.

«Dit liegt an den Schwaben. Die sind schuld. Die vereinnahmen Berlin. Die nehmen uns die Stadt doch einfach weg», skizzierte eine Bekannte die gesellschaftspolitische Tendenz in Prenzlauer Berg, als ich ihr mein Erlebnis einige Tage darauf schilderte. «Scheiße, die denken doch alle, der Fernsehturm heißt Alex. Schwaben sind sowieso dumme Menschen.»

Aha? So Stammtischniveau-resolut kannte ich meine Bekannte bisher noch gar nicht. Sie ist siebenundzwanzig und hat immer sehr darauf geachtet, hochdeutsch zu sprechen, weil sie es gewöhnlich fand zu berlinern. Inzwischen hatte sie es sich offensichtlich wieder angewöhnt.

Ein Bekannter, der, wie auch ich, in Köpenick aufgewachsen ist und inzwischen in Friedrichshain lebt, hat vor einiger Zeit erfahren, dass er Vater wird. Als er es erfuhr, verabredete er sich mit einigen Köpenicker Freunden, um ihnen die Neuigkeit mitzuteilen. Alte Freunde, mit denen er seine Jugend verbracht hatte, Menschen, die er zwar nur noch selten sah, die ihm jedoch so wichtig waren, dass er ihnen diese Neuigkeit nicht in einem Telefongespräch erzählen wollte. Er wollte ihnen in die Augen sehen. Seine Freunde reagierten jedoch, um es hier mal sehr vorsichtig auszudrücken, ein wenig anders, als er es erwartet und wohl auch gehofft hatte. Als er ihnen erzählte, dass er in nur einigen Monaten Vater werden würde, entgegnete einer seiner Freunde trocken: «Glückwunsch. Aber wieso redest du eigentlich wie ein Westler?»

Mein Bekannter befand sich offenbar auf Zeitreise. Er war, wenn man so wollte, zwanzig Jahre in die Vergangenheit gereist. Wenn man am Alexanderplatz in die S-Bahn steigt, benötigt man ungefähr zwanzig Minuten bis zum S-Bahnhof

Köpenick. Eigentlich keine allzu große Entfernung. Eine Entfernung allerdings, die weitaus größer ist, als man denkt.

Es gibt dieses neue Ostberliner Selbstbewusstsein, das mich ziemlich beunruhigt. Man berlinert wieder. Die Sprache wird zu einem Symbol, zu einem Statement. Es ist ein sehr bewusstes Berlinern. Man ist stolz darauf. Die Sprache ist eine Zuflucht. Das, was man noch in der Hand hat. Man hört es den Zugezogenen schließlich an, dass sie nicht aus Berlin kommen, wenn sie versuchen zu berlinern. Man hat das Gefühl, noch einen Vorteil zu haben. Wenn in den Nachrichten das Wort «Magdeburg» auf der falschen Silbe betont wird, ist es ein ähnliches Gefühl. Das Gefühl eines kleinen Sieges. Die Frage ist nur worüber.

Vielleicht ist das ein Ansatz: Seit Jahren wird Berlin in den Medien nur noch mit Superlativen beschrieben. Die Stadt gilt als Schmelztiegel der Kreativität. Sie erfindet sich tagtäglich aufs Neue. Es ist ein weltgewandtes Bild, das da gezeichnet wird. Hollywood ist inzwischen auch dabei. Reese Witherspoon ist öfter mal da, um auf einen der Flohmärkte zu gehen, die hier ihrer Meinung nach die besten der Welt sind. Charlize Theron liebt den Sommer hier. Und Angelina Jolie und Brad Pitt gelten ja inzwischen schon als Berlin-Insider, weil sie am Kollwitzplatz einkaufen gehen. Der Mann, der Tyler Durden gespielt hat, ist in Reichweite. Er könnte beim nächsten Cafébesuch am Nebentisch sitzen. Was soll man dazu noch sagen? Vielleicht wirken die Frisuren und das Outfit der Frauen, die auf der Kastanienallee flanieren, darum so, als hätten sie sich zwei Stunden vor dem Spiegel darauf vorbereitet. Und einige Männer, als hätten sie drei Stunden dafür gebraucht.

Berlin. Die Weltstadt. Machen wir uns nichts vor, dieses weltgewandte Berlinbild wird nicht von den Menschen, die hier aufgewachsen sind, bestimmt, bestätigt oder kultiviert. Ich denke sogar, dass die Zugezogenen vielleicht die besseren Berliner sind. Es liegt an ihrer Erwartungshaltung. Die Stadt muss dem Bild entsprechen, das in den Medien gezeichnet wird. Wenn man mit diesem Bild in die Stadt zieht, hat man praktisch keine andere Wahl, als Berlin als Verpflichtung wahrzunehmen. Man kommt in die Stadt und will dieser Verpflichtung gerecht werden. Daran liegt es wohl, dass die erfolgreichen Berliner eigentlich aus Ulm, Stuttgart oder Oldenburg kommen. Es ist der Druck, etwas zu hinterlassen. Berlin ist ihr deutsches Abenteuer.

Das Viertel um den Kollwitzplatz ist eine Gegend, in der nur noch siebzehn Prozent der Alteingesessenen leben sollen. Die Bewohner wurden in den letzten zehn Jahren praktisch ausgetauscht. Vielleicht weil dieses Viertel der Idee von Berlin am nächsten kommt, wenn man aus der westdeutschen Provinz hierherzieht. Die Häuser sind saniert und teuer. Die Gegend ist fertig. Hier gibt es nichts mehr zu tun. Es ist wie zu Hause, im Süden, nur eben wesentlich cooler. Die Fassaden der liebevoll restaurierten Häuser sind ein bisschen zu bunt, was daran liegen kann, dass diese Gegend als das geburtenreichste Viertel Europas gilt. Es sind kindgerechte Fassaden. Die passende Gegend, um sich einzurichten. Hier ist man unter sich. Es ist eine Insel. Man hat es nicht weit ins tobende Großstadtleben, kann aber jederzeit zurückkehren. Es ist ja nicht so weit. Man muss nur zwei Kreuzungen überqueren. Das ist kein unangenehmes Gefühl. Ein Gefühl, das mir nicht fremd ist.

Die Gegend um den Kollwitzplatz war ursprünglich eine Arbeitergegend. Genauso wie der Bezirk Friedrichshain, in dem ich wohne. Und wie die Bewohner vom Kollwitzplatz lebe auch ich auf einer Insel. Sie heißt Karl-Marx-Allee. Die Gebäude der Karl-Marx-Allee wurden in den fünfziger Jahren geplant und gebaut, als die Straße noch Stalinallee hieß.

Das architektonisch-philosophische Motto dieser Zeit lautete «Arbeiter in die Paläste». Und so sieht das Gebäude, in dem ich wohne, auch aus. Es ist Diktatorenarchitektur. Man fühlt sich sehr klein, wenn man davor steht. Die Wohnungen sind schön geschnitten und nicht billig. Es ist der einzige Ort in Friedrichshain, an dem keine Hundekacke auf den Bürgersteigen liegt, weil die Bürgersteige häufig gereinigt werden.

Der «Szene-Kiez» Simon-Dach-Viertel ist nicht weit entfernt. Auch ich kann also schnell wieder zurückkehren. Die Simon-Dach-Straße gilt als die Straße mit der größten Kneipendichte Berlins. Bevor ich nach Köln zog, bin ich hier häufig ausgegangen. Inzwischen gehe ich in der Gegend nur noch selten weg. Das Publikum in den Cafés hat sich verändert. Die Leute sind mir nicht mehr sympathisch. Sie wirken, als wären sie mit einer Reisegruppe aus Berlin-Lichtenberg angereist, um mal etwas zu erleben. Im Simon-Dach-Viertel gehe ich eigentlich nur noch ins Intimes oder den Feuermelder, weil die Bedienungen noch auf eine Art berlinern, die in mir ein warmes Gefühl auslöst. So wie Paul Landers von der Band Rammstein spricht. Es ist eine Art zu berlinern, die mich an früher erinnert. Ein Berlinern, das man nicht mehr allzu oft hört, weil es langsam ausstirbt.

So wie der Mann, dem mein Bekannter Christian und ich vor

einigen Wochen auffielen, als wir vor dem Feuermelder saßen. Der Mann, der eine Flasche Sternburger in der Hand hielt und ziemlich angetrunken war, kam mit leicht wankenden Schritten auf uns zu. Er sah mich an und sagte irgendwie träge: «Ihr seid doch bestimmt Wessis!»

Christian setzte sich auf. Er stammt ursprünglich aus Hamburg. Ich blieb ruhig, denn ich bin in Köpenick aufgewachsen. Insofern war ich auf der sicheren Seite. Ich nahm einen Schluck Bier und betrachtete den Mann. Er war einer dieser übriggebliebenen Friedrichshainer. Ein Museumsstück. Seine Art, sich zu kleiden. Seine Art zu sprechen. Für Menschen wie ihn war irgendwann Anfang der Neunziger die Zeit stehengeblieben. Als dieser Berlin-Boom einsetzte, kamen Menschen wie er nicht mehr mit. Man verstand gar nicht richtig, was da gerade passierte. Man begriff nur, dass sich einem etwas entzog. Irgendetwas passierte, und zwar ziemlich schnell. Man kam nicht mehr mit. Und niemand hatte einen gefragt, ob man überhaupt mitkommen wollte. Und anscheinend kam es darauf auch nicht mehr an. Man zählte offensichtlich nicht mehr. Darum klang der Tonfall, in dem er seine «Ihr seid doch bestimmt Wessis»-Feststellung formulierte, so träge. Nicht so energisch, wie es zu diesem Satz eigentlich gepasst hätte. Als hätte sein Unterbewusstsein beschlossen, dass es darauf nicht mehr ankam.

Als ich andeutete, in Berlin-Köpenick aufgewachsen zu sein, sagte der Mann nur ein Wort. Er sagte lächelnd: «Union.»

Der 1. FC Union ist ein Köpenicker Fußballclub, der nie gewinnt. In der DDR spielte der Verein in der Oberliga, war lange in der Dritten Liga und ist inzwischen überraschenderweise in der Zweiten Liga angekommen. Das macht ihn seinen Fans ähnlich. Als Union vor einigen Jahren ganz unerwartet in ein UEFA-Pokal-Spiel rutschte, wusste man erst gar nicht richtig, ob man sich darüber freuen sollte. Es passte irgendwie nicht zur Philosophie. Die Union-Hymne wird von Nina Hagen gesungen. In einer Zeile singt sie: «Wir lassen uns nicht vom Westen kaufen.»

Der Mann trank einen Schluck Sternburger. Der 1. FC Union hatte die Lage wieder deeskaliert. Die Welt war wieder in Ordnung. Zumindest vorerst, denn ich hatte nicht mit meinem Hamburger Bekannten Christian gerechnet. Christian hat in Berlin studiert und lebt inzwischen seit zehn Jahren hier. Er identifiziert sich mit der Stadt. Und bei Sätzen wie «Ihr seid doch bestimmt Wessis» hört bei jemandem wie ihm der Spaß auf.

«Das ist doch Faschistenscheiße, die du hier erzählst», sagte er deutlich. «Mein Gott, das ist doch inzwischen zwanzig Jahre her.»

Ich sah auf.

Es ist dann doch nicht eskaliert. Wahrscheinlich war der Mann in Gedanken bereits beim nächsten Bier. Christian redete noch ein bisschen auf ihn ein. Bei der Verabschiedung sagte Christian: «Mach's gut.» Es war ein gut gemeinter Satz. Aber Christian klang in diesem Moment wirklich wie ein Großgrundbesitzer, der seine Ländereien besichtigte und ein wenig Smalltalk mit einem seiner Leibeigenen machte. Ein «Mach's gut», das wie ein «Ich möchte nie da ankommen, wo du schon seit Jahren bist» klingt. Ich sah dem übriggebliebenen Friedrichshainer nach. Dem Mann aus der Vergangenheit. Er war mir irgendwie sympathisch, wohl darum, weil er mir leidtat.

Als der Film *Goodbye Lenin* in die Kinos kam, löste er einen beispiellosen Ostalgie-Boom aus. Vor allem bei jungen Leuten, also bei Menschen, die im Grunde genommen nicht allzu viel von der DDR mitbekommen haben. Schnell äußerte sich der Regisseur Wolfgang Becker in einigen Interviews fassungslos darüber. Während Becker sprach, schien vor seinem geistigen Auge der Begriff «Schadensbegrenzung» immer größer zu werden. Am Ende gab es wahrscheinlich nichts anderes mehr in seinem Kopf. Nur diesen Begriff. Ein Ostalgie-Boom, so etwas hatte Wolfgang Becker, der Westfale, doch gar nicht gewollt. Irgendetwas war da schiefgelaufen. Becker verstand die Welt nicht mehr. Er verstand nicht, dass es weniger um Fakten geht. Es geht um ein Gefühl. Um etwas schwer Fassbares. Es ist ein Festhalten. Man will etwas bewahren, kann jedoch nicht wirklich einordnen, was man überhaupt bewahren möchte. Also bewahrt man eine Illusion. Und wenn Daniel Brühl Teil dieser Illusion ist, macht es das sicherlich noch ein wenig attraktiver.

Vor einigen Monaten unterhielt ich mich auf einer Geburtstagsfeier mit einer Zweiundzwanzigjährigen, die in Friedrichshain aufgewachsen war. Sie beschwerte sich im Laufe der Unterhaltung, dass immer mehr der verfallenen Altbauten ihrer Gegend saniert werden. Durch die Restaurierungen verschwinden mit den verfallenen Fassaden auch viele Anhaltspunkte ihrer Kindheitserinnerungen. Dann sagte sie etwas Bemerkenswertes: «Sie sanieren unserer Gegend einfach die Seele weg.» Und das ist es wohl, was Wolfgang Becker vielleicht nie verstehen wird.

In letzter Zeit werde ich in Gesprächen immer häufiger gefragt, ob ich aus dem Osten oder aus dem Westen komme. Der

Begriff «Westen» wird in diesen Fragen sehr schneidend ausgesprochen. Es ist eine rhetorische Frage. Ein Statement. Und sie wird vorrangig von Mittzwanzigern gestellt. Und daran liegt es wohl. Sie kennen nur die Geschichten, die Anekdoten. Die Erinnerungen ihrer Eltern oder älterer Freunde. Geschichten, die mit einem vagen, nicht unangenehmen Gefühl verbunden sind, das etwas mit ihrer Kindheit zu tun hat. Es sind, wenn man so will, Erinnerungen an Erinnerungen.

Ich stand noch immer am Kollwitzplatz in Baden-Württemberg und sah zu, wie sich die Zeit um mich herum immer langsamer bewegte. Ich musste hier weg. Weiter. Ich stieg auf mein Fahrrad und fuhr los. So schnell wie möglich. Als dann ein junger Mann an der sehr befahrenen Kreuzung Kollwitzstraße Ecke Danziger Straße in einer, ja, man kann schon sagen, leicht gefühlsbetonten Konversation seine Freundin mit der subtilen Bemerkung «Halt die Fotze!» darauf hinwies, ihre bisherige Argumentationskette unter Umständen noch einmal zu reflektieren, war ich wieder in Berlin.

Glück gehabt, konnte man da wohl nur sagen. Glück gehabt.

ES WAR EIGENTLICH WIE BEI *FRIENDS* – ES GAB NUR WENIGER ZU LACHEN

Es gibt Dinge, die man nicht überbewerten sollte. Bei manchen Dingen fällt mir das nicht immer leicht. Floskeln sind dafür ein gutes Beispiel, und Begrüßungsfloskeln sogar ein sehr gutes.

Irgendwie komme ich mit Begrüßungsfloskeln nicht klar. Ich habe schon mit einem einleitenden «Wie geht es dir?» gewisse Schwierigkeiten. Natürlich würde es genügen, wenn ich diese Frage mit einem «gut» oder «ausgezeichnet» beantworte. Aber irgendwie bin ich nicht der Typ dafür. Aus irgendeinem Grund gehe ich davon aus, meinen Gesprächspartner, den ich vielleicht gerade kennengelernt habe, interessiert in diesem Augenblick wirklich, wie sich mein emotionaler Problemhorizont gestaltet. Eine kurze naive Phase.

Also hole ich erst einmal – sozusagen im Affekt – etwas weiter aus und suche nach passenden Worten, die meine momentane mentale Situation möglichst treffend umschreiben könnten. Das gelingt mir allerdings nur in den seltensten Fällen, denn schon nach dem ersten Halbsatz habe ich diese kurze naive Phase hinter mir gelassen. Mir fällt ein, dass ich die Frage auch mit einem «gut» oder «ausgezeichnet» hätte beantworten können, ich verliere den Faden, komme ein wenig ins Stocken und breche den Satz ab. Ich gebe gewissermaßen auf.

Tja.

Menschen, die sich so verhalten, wenn man sich nach ihrem Befinden erkundigt, wirken vermutlich, als würden sie sich gerade in einer nicht allzu glücklichen Phase ihres Lebens befinden, und das offenbar schon seit längerer Zeit. Wenn man nicht mehr in der Lage ist, seine Gemütslage zu überspielen, muss es schon ziemlich schlimm um einen stehen. An diesem einleitenden Punkt unserer Unterhaltung geht mein Gesprächspartner wahrscheinlich schon vom Schlimmsten aus. Ich habe mich sozusagen gut eingeführt.

Ich kenne natürlich Leute, denen es immer «Fan-tas-tisch» geht. Und so sprechen sie das Wort auch aus. Im Gegensatz zu mir warten sie förmlich darauf, dass sich jemand nach ihrem Befinden erkundigt. Manchmal habe ich den Eindruck, sie sind süchtig danach. Mit einem «Wie geht es dir?» öffnet man bei solchen Menschen ein Ventil, das sich in den meisten Fällen nur sehr schwer schließen lässt. Diese Leute haben ihre Hausaufgaben gemacht. Sie sind vorbereitet. Ich nicht. Das ist wohl der Unterschied.

Unterhaltungen mit solchen Menschen erinnern mich immer ein wenig an Gespräche, die im Geschäftsleben geführt werden. Die Tendenz ist die gleiche. Auf die Frage, wie es denn beruflich läuft, antwortet man prinzipiell, dass es gerade nicht besser laufen könnte. Es ist eine dieser Regeln. Bei Verlierern läuft es nicht. Und natürlich sieht man sich ungern in der Loser-Perspektive. Auch, weil es sich schnell herumsprechen könnte.

Hin und wieder denke ich darüber nach, ebenfalls meine Hausaufgaben zu machen. Ein wenig vor dem Spiegel zu trainieren, um ein begeistertes «Fan-tas-tisch!» so hinzubekommen, dass es mir abgenommen wird. Aber ich glaube, auch dafür bin ich nicht der richtige Typ.

Mein Bekannter Thomas benutzt keine Begrüßungsfloskeln – in seiner Welt besteht eher ein allgegenwärtiges Begrüßungsthema. Wenn ich Thomas treffe, stellt er fest, dass wir jetzt erst einmal einen kiffen müssen. Er formuliert es natürlich etwas anders. Er sagt: «Erst mal eenen kurbeln», oder als Variation: «Eenen dübeln.»

Unterhaltungen mit Thomas sind, wie die meisten wahrscheinlich bereits vermuten, eher etwas entspannter. Anders als bei Menschen, denen es jederzeit «Fan-tas-tisch» geht. Und auch anders als bei Christoph.

Mein Bekannter Christoph begrüßt mich bei jedem Telefonat enthusiastisch mit den Worten: «Yo! Digger! Was geeeeeeeht?»

Wenn Christoph mich anruft, gehe ich grundsätzlich in den ersten Sekunden der Unterhaltung, sozusagen schon rein instinktiv, davon aus, er habe sich verwählt. Das ist natürlich nie der Fall. Leider.

In Christophs Selbstverständnis scheine ich den «Digger» zu geben. In Gesprächen mit ihm komme ich mir immer ein bisschen vor wie in einem schlecht synchronisierten Interview mit irgendwelchen Gangster-Rappern. Ab einem bestimmten Punkt des Gesprächs hoffe ich nur noch, dass er nicht gleich anfängt zu rappen. Ich würde wahrscheinlich sofort auflegen. Mit einem unangenehmen Gefühl in der Magengegend. Wenn er mir anvertrauen würde, er sähe sich privat bei einer guten Flasche Wein und nur mit teurer Damen-Unterwäsche bekleidet Dokumentationen über Adolf Hitler an, hätte ich wohl ein ähnliches Gefühl. Man fühlt sich ein wenig ausgeliefert.

Abgesehen davon ist die Floskel «Was geht?» noch wesentlich unangenehmer als ein «Wie geht's?». Bei «Wie geht's?» hat man zumindest die Chance, mit einem Wort zu antworten. Bei «Was geht?» wird das schon ein wenig schwieriger. «Was geht?» verlangt nach einer Geschichte. Merkwürdigerweise begrüßt mich Christoph auch mit einem «Was geeeeeeht?», wenn wir fünfzehn Minuten vorher telefoniert haben. Vielleicht geht er davon aus, dass sich in meinem Leben die aufsehenerregendsten Abenteuer ablösen, sozusagen im Viertelstundentakt. Ein Leben am Rande des Herzinfarkts.

Kürzlich erklärte mir eine gute Bekannte während eines gemeinsamen Restaurantbesuchs mein «Wie geht's?»-Problem: «Das ist bei mir genauso. Es ist ein Ost-Ding. Wenn dich zu DDR-Zeiten jemand gefragt hat, wie es dir geht, hat er sich auch wirklich dafür interessiert.»

Mmh. Ich weiß nicht. Wenn ich meine Bekannte richtig verstanden habe, nahm zu DDR-Zeiten jeder sehr an den Problemen des anderen teil. Wir lebten sozusagen in einer Art großer feinfühliger Kommune. Es war gewissermaßen wie in der Serie *Friends*, nur ohne diese eingespielten Lachgeräusche nach jedem zweiten Satz. Vielleicht stellt sich meine Bekannte, die zu Wendezeiten fünf Jahre alt war, das Leben in der DDR auch so vor: «Es war eigentlich wie bei *Friends*. Es gab nur weniger zu lachen.»

Ich fühlte mich ein bisschen, als würde mir ein Bayer erklären, dass «der Ost-Berliner an sich» den Berliner Fernsehturm Telespargel nennt. Ich bin in Ost-Berlin aufgewachsen. Den Begriff lernte ich jedoch erst nach 1990 kennen. Genauso wenig waren mir damals die Begriffe «Ossi» oder «Wessi» geläufig. Soweit ich weiß, haben sie meine Eltern oder ihre Freunde nie benutzt.

Und auch ich verwende diese Begriffe nur ungern. «Ossi» oder «Wessi» klingen für mich wie Figuren, die sich Jim Henson ausgedacht haben könnte. Auf Speed. Kleine pelzige anarchistische Wesen, die vorzugsweise in der Muppet-Show Unheil stiften, manchmal vielleicht auch in der Sesamstraße. Figuren, mit denen Ernie vielleicht ganz gut kann.

Ich nickte meiner Bekannten bestätigend zu, leerte mein Glas und fragte: «Wollen wir zahlen?»

Wir verließen die Bar. Auf der Straße war es für diese Uhrzeit noch ungewöhnlich belebt. Meine Bekannte setzte sich auf ihr Fahrrad und rief mir ein gutgelauntes «Bis Dannimanski» zu. Dann fuhr sie lachend davon.

Ich zuckte ein wenig zusammen und dachte irritiert: «Bis Dannimanski?» Etwas Ähnliches dachten wohl auch die Passanten in unserer unmittelbaren Umgebung. Alle sahen mich an. Vielleicht erwarteten sie jetzt ein «Tschüssikowski» von mir, oder ein «Bis Baldrian». Vielleicht auch ein «Bis denne, Antenne». Aber ich hob nur die Hand und nickte meiner sich entfernenden Bekannten lächelnd zu.

Ich zündete mir eine Zigarette an und überlegte kurz, was von jemandem zu halten ist, der sich mit Worten wie «Bis Dannimanski» verabschiedet. Und das auch ernst meint. Dann riss ich mich zusammen und dachte: Es gibt Dinge, die man nicht überbewerten sollte. Floskeln sind dafür ein gutes Beispiel. Und Verabschiedungsfloskeln sogar ein sehr gutes.

IST «FICKBAR» EIGENTLICH EIN FREMDWORT?

«Und benutz mal bitte nicht so viele Fremdwörter in deinem Text», sagt meine Lektorin gerade, und sie hat gute Gründe für diesen Satz. In diesem Text geht es nämlich um eine Frau. Um eine besondere Frau. Um Gina-Lisa Lohfink. Also, liebe Leserinnen, sollten Sie das Frequentieren von Solarien als Sportart betreiben und Ihre Haare aus philosophischen Gründen stark blondieren, lesen Sie jetzt bitte nicht weiter. Es könnte Sie irritieren. Dieser Text könnte möglicherweise Ihr Weltbild ins Wanken geraten lassen.

Ich habe ja, um mich auf diesen Text vorzubereiten, einige Interviews mit Gina-Lisa Lohfink gelesen. In ihnen findet praktisch keine wörtliche Rede statt, die Frau wird nicht zitiert, es wird gewissermaßen nacherzählt, was sie so gesagt hat. Wenn man dann sieht, wie sie sich zum Beispiel im Fernsehen äußert, begreift man auch schnell, warum. Gina-Lisa Lohfink versucht nicht unbedingt, sich intelligenter zu geben, als sie ist – um es mal vorsichtig auszudrücken. Und was ist von jemandem zu halten, der sich mit solch bemerkenswerten Sätzen wie «Ich danke euch für dis, dass ich schon so viele Leute habe, die immer mit meine Freunde sein wollen» an seine Fans wendet?

Gina-Lisa wird in den Medien inzwischen nur noch fertiggemacht. Man kennt ja die Geschichten. Man hat sie immer im Hinterkopf. Es ist praktisch nicht mehr möglich, sich dieser Frau vorurteilsfrei zu nähern. Aber warum versuchen wir es nicht einfach? Warum gehen wir nicht einfach nochmal einen Schritt zurück, vergessen dieses Sex-Video und diese Dinge? Warum lernen wir den Menschen Gina-Lisa Lohfink nicht noch einmal unbelastet aufs Neue kennen? Auf natürliche Art. Ein zweiter Anlauf.

Stellen wir uns doch einmal vor, wir sind in einem Club und lernen über einen guten Freund eine nicht unattraktive Frau kennen. Als wir ihren Namen erfahren, wird uns schon mal ihr sozialer Hintergrund klar. Gina-Lisa? Wer nennt sein Kind denn Gina-Lisa? Na, zumindest passt der Name zu ihrer Haarfarbe. Und weil die Frau zugegebenermaßen im höchsten Maße fickbar ist, denken wir: Vielleicht entwickelt sich ja noch was. Als wir dann ihre Stimme hören, zucken wir schon ein wenig zusammen, denn unsere neue blonde Bekannte gibt rhetorisch erst mal den Ultra-Bauarbeiter. Vielleicht ist sie irgendwie heiser. Vielleicht hat sie die letzten drei Tage durchgesoffen. Egal, wir lassen sie reden. Inzwischen sind wir ja auch schon beim vierten Wodka-Red Bull, da ist die Stimme dann auch nicht mehr so wichtig. Und sollte es dazu kommen, dass wir noch zu ihr gehen, kann sie mit unserem Schwanz im Mund ohnehin nicht mehr so viel reden. Dieser Gedanke beruhigt uns dann doch.

Wir geben dem Barkeeper ein Zeichen, um noch einen weiteren Drink zu bestellen, denken noch einmal an den Rat unserer Programmleiterin und sind uns gerade nicht mehr so sicher, ob «fickbar» ein Fremdwort ist. Als wir ein wenig gedankenlos den Drink zahlen und uns wieder unserer Gesprächspartnerin zuwenden, passiert etwas Überraschendes. Gina-Lisa hat gerade ein Wort benutzt, das irgendwie nicht passt. Zuerst denken wir, wir haben uns verhört, doch dann sagt sie es noch einmal: «Dostojewski». Interessiert beugen wir uns vor. Eine halbe Stunde später wissen wir, dass Gina-Lisa eine Kennerin und Bewunderin der russischen Literatur ist. Es ist eine wahre Freude, ihren überraschenden literaturtheoretischen Schlüssen zu folgen. Ein Gespräch voll unterhaltender Intelligenz. Und plötzlich wird uns klar, dass Gina-Lisa eine Frau ist, um die es sich zu kämpfen lohnt. Sie erzählt uns, dass sie bei diesem *Germany's next Top-Model*-Format mitgemacht hat, und erläutert uns den literarischen Hintergrund ihres «Zack, die Bohne»-Satzes. Gina-Lisa hat es etwas kompliziert ausgedrückt, aber soweit wir es verstanden haben, ist es eine ironisch-überzeichnete Anspielung auf eine der Hauptfiguren von Dostojewskis komplexestem Roman *Die Brüder Karamasow*. Während sie uns den Zusammenhang erläutert, lacht Gina-Lisa herzlich. Tja, denken wir, der Humor einer Stilistikerin.

Ach, Gina-Lisa. Sie haben dich alle missverstanden. Du bist die Frau, um die es sich zu kämpfen lohnt, die Frau, die uns wieder an die wahre Liebe glauben lässt. Wir wollen heute Nacht gar nicht mit dir schlafen. Wir wollen uns Zeit lassen, dich kennenlernen. Mit einem angenehmen Gefühl betrachten wir dein lächelndes Gesicht. Und jetzt, genau jetzt, begreifen wir, dass «fickbar» wirklich ein Fremdwort ist. Dann bestellen wir uns den nächsten Drink. Es wird ein Wodka-Red Bull sein.

MEINE FREUNDIN UND IHR FREUND

Gestern saß ich mit meiner Freundin Sophie und ihrem Freund Lukas in einem tschechischen Restaurant in der Berliner Karl-Marx-Allee und dachte an die kalifornische Punkrock-Band Pennywise, Immanuel Kant, Farin Urlaub und den Alexanderplatz.

«Wie bitte?», denken jetzt sicherlich einige mit einem skeptischen Lächeln, «Pennywise? Immanuel Kant? Farin Urlaub? Ein tschechisches Restaurant in der Karl-Marx-Allee? Passt das, lieber Michael Nast? Passt das?»

Es passt, lieber Leser. Es passt sogar besser, als man denkt.

Vor einigen Jahren schilderte mir Jim Lindberg in einem Interview sein Verhältnis zum klassischen Idealismus. Jim Lindberg ist der Sänger der Band Pennywise. Wir saßen auf dem begrünten Hinterhof des SO36, in dem Pennywise an diesem Abend ein Konzert gaben. Das SO36 ist ein ziemlich bekannter Club in Berlin-Kreuzberg. Ein Club, über dessen Eingang die Betreiber lange Zeit ein Schild angebracht hatten, auf dem in großen Buchstaben «Achtung! Sie verlassen jetzt Deutschland!» zu lesen war.

Jim Lindberg, der eigentlich High-School-Lehrer für englische Literatur ist, erzählte mir, dass seine Texte vornehmlich von den Dichtern Ralph Waldo Emerson und David Thoreau beeinflusst seien. Beide sind Vertreter des Transzendentalismus, der wiederum stark vom klassischen Idealismus geprägt wurde, dessen bedeutendster Vertreter Immanuel Kant ist. Ich hatte keineswegs erwartet, dass mir der Sänger einer amerikanischen Punkrock-Band solche Dinge erzählte. Ich war angenehm überrascht.

Seitdem üben Dinge, die zunächst in keiner Weise zu passen scheinen, Dinge, die vermeintlich unvereinbar sind und letztendlich doch sehr gut passen, eine gewisse Faszination auf mich aus. Die Geschichten hinter den Klischees, die Zusammenhänge scheinbar unvereinbarer Dinge – sie ziehen mich förmlich an.

Einige Monate nach dem Gespräch mit Jim Lindberg erwähnte Farin Urlaub in einem Interview, dass sein Lieblingsroman Robert Musils *Der Mann ohne Eigenschaften* sei. *Der Mann ohne Eigenschaften!* Ein 1600-seitiges Fragment! Ein Buch, bei dessen Lektüre man ein Fremdwörterbuch und mehrere sehr spezielle Lexika in Reichweite haben sollte. Die Lektüre dieses Romans ist keine Unterhaltung, sie ist Arbeit. Für Farin Urlaub ist sie offensichtlich ein Genuss.

Nachdem ich dann noch ein Farin-Urlaub-Interview in der Wochenendbeilage der *Berliner Zeitung* gelesen hatte, bin ich sozusagen Farin-Urlaub-Interview-süchtig. Der Mann hat interessante und überaus ernstzunehmende Ansichten. Was sich nicht unbedingt mit meinem bisherigen «Die Ärzte»-Bild deckte.

Ich meine: Die Ärzte, eine Band, die ich 1987 kennenlernte, als mir ein Mitschüler mit glänzenden Augen das Lied «Geschwisterliebe» vorsang. Ich war zwölf Jahre alt. Ich dachte, er verarscht mich. Ich konnte nicht glauben, dass es Bands gibt, die solche Texte schreiben. Später überspielte er mir eine Kassette.

Ich muss dazu erläutern, wie das in den achtziger Jahren mit Musik von Bands aus dem «nichtsozialistischen Ausland» so lief. Irgendjemand mit Beziehungen bekam eine Kassette von einem Westberliner Bekannten. Diese Kassette überspielte er für einen Freund, der seine Kopie wiederum einem Freund überspielte. Ich weiß nicht, an welcher Stelle dieser Kette ich mich befand. Ich weiß nur, dass ich nach dem Einlegen der Kassette erst einmal ein Rauschen hörte. Dann hörte ich irgendwo im Hintergrund Die Ärzte. Nachdem ich die Kassette gehört hatte, war ich Ärzte-Fan.

Auf der Kassette befanden sich die Platten *Debil* und *Die Ärzte*, was mich in die vorteilhafte Situation brachte, meine Eltern und ihre Freunde mit Rezitationen von Liedern wie «Claudia hat 'nen Schäferhund» oder «Geschwisterliebe» in höchstem Maße zu schockieren. Lieder, die von einem Musil-Fan geschrieben wurden.

Dinge, die scheinbar unvereinbar sind – und letztendlich doch sehr gut passen. Ein gutes Beispiel dafür ist auch der Berliner Alexanderplatz. Man kennt ja das Bild, das in den Medien von Berlin gezeichnet wird. Und der Alexanderplatz ist sozusagen die Mitte von Berlin. Der Fernsehturm das Wahrzeichen der Kreativ-Metropole. Wenn man dieses Berlinbild jedoch mit den Menschen, die auf dem Alexanderplatz anzutreffen sind, vergleicht, ist man doch ein wenig irritiert. Es hat schon seine Gründe, warum Carsten van Ryssen von der Sendung *Polylux* auf dem Alexanderplatz immer die Leute verarscht hat. Sie bieten ihm ja praktisch mit jedem zweiten

Satz verwendbares Material. Sie passen nicht in das Bild der pulsierenden Kreativ-Metropole Berlin. Allerdings sind sie Berliner. Sie passen zur Stadt. Die Kreativen passen zu dem Bild, das man von der Stadt haben möchte.

Meine beste Freundin Sophie ist Berlinerin. Als sie sich einmal sehr einsam fühlte, traf sie eine Entscheidung: «Entweder ich kaufe mir einen Hund, oder ich nehme mir einen neuen Freund.»

Ein Hund oder ein neuer Freund? Nun gut.

Kurz darauf war sie mit Lukas zusammen. Demnach hatte sie sich für einen Freund entschieden. Auf den ersten Eindruck sind die beiden, um es in der Werber-Rhetorik meines Kollegen Michael zu formulieren, eine wandelnde kognitive Dissonanz. Mit anderen Worten: Wenn man die beiden zusammen sieht, drängt sich förmlich der Gedanke auf, dass hier irgendetwas nicht passt. Eine Auffassung, die Sophie nach ihrem ersten Treffen zu teilen schien.

«Er ist sehr klein. Er hat viel zu lange Haare, und die wirken, als hätte er sie seit Wochen nicht gewaschen. Er war auch sehr betrunken. Und redete unaufhörlich vom Skateboard-Fahren.»

Das klang nicht unbedingt nach den besten Voraussetzungen für eine längerfristige Beziehung. Sophies Freundinnen waren ähnlicher Auffassung. Als die beiden zwei Wochen zusammen waren, machten Sophies Freundinnen ihr bereits Vorschläge, welche Männer gut zu ihr passen würden, nachdem sie sich von Lukas getrennt hätte. Es wurde gewissermaßen von ihr erwartet.

Kürzlich stellte Lukas fest, dass Sophie ein Hobby bräuchte.

Auch um ein wenig ausgeglichener zu werden. Sophie sah ihn einen Moment verständnislos an. Dann sagte sie deutlich: «Ich habe ein Hobby. Ich shoppe.»

Lukas' Hobby ist es, Skateboard zu fahren. Sophies Hobby ist es, Kleidung zu kaufen. Lukas trifft sich mit seinen Kumpels an der Rampe. Sophie geht zu Mango, als würde sie zu Freunden gehen. In diesen Sätzen schwingt kein ironischer Unterton mit. Denn Sophie praktiziert ihr Hobby in ausgesucht vollendeter Form. Sie lebt es. Darum wählt sie ihre Ärzte auch nach dem Zeitschriftenangebot in deren Wartezimmern aus. *Glamour. Vogue. Cosmopolitan.* Man muss informiert sein.

Sophie ist informiert. Als sie mir einmal erzählte, dass Violett die neue Trendfarbe wäre, konnte ich es nicht glauben. Violett! Eine Farbe, die ich für äußerst unmännlich halte, was mich zu der vorsichtigen Frage veranlasste: «Auch für Männer?»

Sophie entgegnete mir entschieden: «Auch für Männer.»

Ich konnte es nicht glauben, insbesondere wohl auch, weil ich es nicht glauben wollte. Ich hätte es besser wissen müssen. Ich sprach schließlich mit einer Expertin. Zwei Monate darauf trug jeder zweite Mann, der mir in Mitte auf der Straße begegnete, Violett. Gut, dass ich vorbereitet war. So konnte ich meine Blicke unter Kontrolle halten.

Meine Art, mich zu kleiden, beurteilt Sophie gern mit Sätzen wie: «Michael hat seinen Stil ja schon ziemlich früh gefunden.» Sätze, in denen auch ein bedauernder Unterton mitschwingt. Ein Unterton, der mir auch eines sehr deutlich macht: Tief in ihrem Innern bemitleidet mich meine beste Freundin. Ich gehöre nicht unbedingt zu den experimentierfreudigsten Menschen, wenn es um die Auswahl meiner Kleidung geht. Schwarzes T-Shirt, Jeans, Jackett und Sneakers, die man zum Anzug tragen kann. Allerdings muss ich dazu sagen, dass ich auch ein gebranntes Kind bin. Einmal war ich mit Sophie einkaufen und habe an diesem Nachmittag sehr viel anprobiert und auch viel gekauft. In den Spiegeln der Geschäfte sah es auch alles noch gut aus. Wie gesagt, in den so schmeichelhaft ausgeleuchteten Spiegeln der Geschäfte. Als ich die Kleidungsstücke dann zu Hause noch einmal anprobierte, sah die Sache schon ein wenig anders aus.

Jedes Mal, wenn ich Sophie und Lukas treffe, wird mir klarer, dass die beiden sogar ausgezeichnet zusammenpassen. Auch weil sie sich, trotz ihrer unterschiedlichen, sagen wir mal, Wertesysteme, sehr ähnlich sind.

Man sagt ja, dass sich Hunde und ihre Besitzer mit den Jahren immer ähnlicher werden. In gewisser Weise trifft das auch auf Paare zu. Sophie hat sich zu einem begeisterten Surf- und Skateboard-Fan entwickelt. Doch auch sie feilt und modelliert an ihrem Freund. Hauptsächlich in, nennen wir es mal, stilistischer Hinsicht. Vorsichtig zwar, doch auch sehr bestimmt. Ein Langzeitprojekt.

Lukas hat inzwischen keine langen Haare mehr. Sie verkürzten sich systematisch – im Wochen-Rythmus. Als Sophie ihm vor einigen Wochen die Spitzen schneiden sollte, verschnitt sie sich «irgendwie». Und zwar so, dass aus Lukas' halblangen Haaren inzwischen ein Kurzhaarschnitt geworden ist.

«Es war die einzige Möglichkeit, noch etwas draus zu machen», sagte Sophie mit einem schon sehr durchschaubaren Tonfall. Mit anderen Worten: Lukas hatte keine Wahl.

Bald werden die beiden zusammen einkaufen gehen. Lukas

wird andere Kleidung tragen. Kleidung, die in den so schmeichelhaft ausgeleuchteten Spiegeln der Geschäfte eigentlich gar nicht so schlecht aussieht. Sein Wertesystem wird sich verschieben. Irgendwann werden ihn sogar Sophies Freundinnen akzeptieren. Was schon einiges heißt, wenn man ihre Freundinnen kennt und auch weiß, wie sie denken.

Ich treffe mich gern mit meiner Freundin und ihrem Freund. Ich sehe, wie sie miteinander umgehen, und denke mit einem leichten Lächeln: Es passt. Es passt sogar besser, als man denkt.

FÜNF DATES
PRO WOCHE

Im Sommer verbrachte ich viel Zeit im Café Schönbrunn. Das Café Schönbrunn befindet sich im Volkspark Friedrichshain, der mitten in der Stadt liegt und ziemlich groß ist. Weil es zwei bewaldete Bunkerberge gibt, hat man den Eindruck, sich in einem kleinen Tal zu befinden, wenn man im Schönbrunn sitzt. Hier spürt man zwar die Stadt irgendwie, hat allerdings nicht unbedingt das Gefühl, in Berlin zu sein. Das ist kein unangenehmes Gefühl.

Zum Schönbrunn gehört auch ein Biergarten, der mich immer an ein Kino erinnert. Das liegt auch daran, dass die Stühle hier so aufgestellt worden sind, dass alle in die gleiche Richtung gucken müssen. Und zwar zu einer Art kleinen Promenade, die am Schönbrunn entlang verläuft. Diese Promenade ist praktisch die Leinwand. Auf dieser Leinwand gibt es viele hippe junge Leute, die hier flanieren, um gesehen zu werden, aber auch viele, denen solche Ansätze fremd sind. Weil der Volkspark Friedrichshain nördlich an den Bezirk Prenzlauer Berg grenzt, gibt es auch viele junge Familien. Es ist eine gute Mischung. Vielleicht weil sich hier Neu-Berliner und Berliner, die hier aufgewachsen sind, in einem ernstzunehmenden Verhältnis mischen und der Park damit wohl meiner Idee von Berlin ziemlich nahe kommt.

Anfang August traf ich mich mit Markus und Marcel im

Schönbrunn. Ich verspätete mich ein wenig. Als ich eintraf, waren die beiden bereits in ein angeregtes Gespräch vertieft. Ich muss dazu sagen, dass Markus Betriebswirtschaftslehre und Marcel Wirtschaftskommunikation studiert hat. Man kann sich also vorstellen, in welche Richtung sich Gespräche der beiden so entwickeln können. Als ich an den Tisch trat, wusste ich schon, was auf mich zukam. Sie hatten diesen Blick. Es gibt keine Überraschungen mehr, erzählt so ein Blick. Man steht über den Dingen. Vielleicht lernt man solche Blicke in Wirtschafts-Studiengängen. Um unangreifbarer zu wirken. Was weiß ich.

Wenn sich Männer unterhalten, die so wirken, als hätten sie alle *Financial Times*-Leitartikel der letzten fünf Jahre auswendig gelernt und auch verinnerlicht, fühle ich mich schnell ziemlich unbedarft. Bei solchen Dingen kann ich nicht mitreden. Es sind nicht meine Themen. Ich setzte mich erst mal und bestellte einen Latte macchiato. Dann lehnte ich mich zurück, betrachtete die flanierenden Frauen auf der Leinwand und hörte mit halbem Ohr dem Gespräch meiner Bekannten zu, die offenbar gerade die Welt untereinander aufteilten.

Als ich meinen Latte macchiato getrunken hatte, schienen sie die Welt untereinander aufgeteilt zu haben. Wahrscheinlich nahmen sie mich erst jetzt wirklich wahr. Vorsichtshalber begrüßte ich sie noch einmal. Wir gaben der Kellnerin ein Zeichen, bestellten uns Weizen und wechselten das Thema. Wir besprachen Markus' Akquise-Strategien. Akquise-Strategien? Das klingt jetzt nicht unbedingt nach einem Themenwechsel, werden einige einwenden. Da kann ich nur zustimmen. Wenn man allerdings die Zusammenhänge kennt, wird schnell klar, dass wir sogar grundlegend das Thema wechselten. Auch wenn es ein wenig beunruhigend ist, diese Zusammenhänge zu kennen.

Markus ist sechsunddreißig und seit einigen Monaten Single, weil die Beziehung mit seiner achtzehnjährigen Freundin aus irgendeinem Grund nicht mehr so gut lief. Er ist dem Schriftsteller Michael Crichton in gewisser Hinsicht sehr ähnlich, zumindest wenn man ein wenig abstrahiert. Michael Crichton war ein ziemlich bekannter Schriftsteller, der unter anderem den Roman *Jurassic Park* geschrieben hat. Er war also eher ein Vertreter der leichten Muse. Da er jedoch auch ein ausgezeichneter Geschichtenerzähler war, werden seine Bücher oft verfilmt. Und weil seine Romane häufig verfilmt werden, hat Crichton, der auch Drehbuchautor war, eine Schreibtechnik entwickelt, mit der er in der Lage war, mit einfachen Mitteln aus seinen Romanen fertige Drehbücher – sagen wir mal – herauszufiltern. Er wandte sozusagen die Michael-Crichton-Drehbuch-Schablone auf seine Romane an.

Markus hat eine ähnliche Technik entwickelt. Allerdings für einen anderen Bereich. Die wirtschaftlichen Prinzipien, die er während seines Studiums gelernt hatte, wandte er jetzt an, um Frauen kennenzulernen. Markus legte praktisch die Betriebswirtschafts-Schablone auf sein Liebeslieben – und von einem auf den anderen Tag hatte Markus keine Zeit mehr. Wir sahen ihn nur noch selten. Markus hatte sich nämlich für ein wirtschaftliches Prinzip entschieden, das als Maximumprinzip bekannt ist. Das Ziel des Maximumprinzips ist es, mit den Mitteln, die einem zur Verfügung stehen, ein möglichst hohes Ergebnis zu erreichen. Und um das mal auf den zwischenmenschlichen Bereich anzuwenden: Man trifft sich mit so vielen Frauen wie möglich, um mit so vielen Frauen wie möglich schlafen zu können.

«Also», sagte Markus bestimmt, «habe ich erst einmal meinen MySpace-Account reaktiviert.»

Die Akquise konnte also beginnen. Markus verschickte viele Mails, in denen er Frauen mit dem geradezu tiefromantischen Kompliment bedachte, wie gut sie auf ihrem Profil-Bild aussahen. Na so was. Wie originell. Wer da zurückschreibt, ist wohl selber schuld. Da Markus' E-Mail-Verkehr, natürlich mit leichten Variationen, häufig nach dem gleichen Schema ablief, hatte er ein Word-Dokument vorbereitet, aus dem er seine Nachrichten nur noch kopieren und manchmal ein wenig zu modifizieren brauchte. Willkommen in der Welt der Liebe.

«Jede Zweite schreibt zurück. Und jede Zweite, die mir zurückschreibt, trifft sich mit mir. Und mit jeder Zweiten, mit der ich mich treffe, kommt es zum Vollzug», sagte Markus selbstbewusst. Zack. Zack. Zack. Das klang nach Massenabfertigung. Ein bisschen wie im Schlachthof. Romantik pur. Das Maximumprinzip.

Im Sommer hatte Markus durchschnittlich vier, manchmal sogar fünf Verabredungen in einer Woche. Das muss man sich mal vorstellen. Das klingt nicht unbedingt überschaubar. Vor allem wenn man bedenkt, dass es ja erste, zweite und auch dritte Treffen waren. Es war schon rein logistisch ziemlich beeindruckend, was Markus da leistete. Um seine Bekanntschaften zu katalogisieren, hatte sich Markus allerdings schlau Gruppen in der Telefonliste seines Handys angelegt, in denen er definierte, in welcher Bekanntschaftsphase er sich mit der jeweiligen Frau gerade befand.

Marcel erkundigte sich, ob es nicht ziemlich anstrengend sei, immer wieder die gleichen Geschichten zu erzählen. Geschichten, die man bei einem ersten oder zweiten Date so erzählt. Und verlor man bei einer solchen Frequenz – er sagte wirklich «Frequenz» – nicht den Überblick, welcher Frau man welche Geschichte bereits erzählt hatte?

Markus erwiderte, dass er den Frauen schon beim ersten Telefonat erzählte, er habe die Eigenart, sich oft zu wiederholen. Darum würde er manche Geschichten immer mal wieder erzählen. Ich nickte. Nicht schlecht. Markus hatte seine Hausaufgaben gemacht. Hier wurde nichts dem Zufall überlassen. Sein Liebesleben erinnerte mich an ein Schachspiel. Ein Schachspiel, das irgendwie außer Kontrolle geraten war. Markus traf sich mit Frauen nur noch in Cafés, die «strategisch günstig» lagen, oder, um es menschlicher zu formulieren, nicht weit von seiner Wohnung entfernt waren. Wesentlich war, dass man beim zweiten Date miteinander schlief. Das war das zweite Grundprinzip. Man merkt, Markus hatte seine Prioritäten gesetzt.

Es gibt natürlich immer auch gewisse unvorhersehbare Faktoren. Risikofaktoren, auf die man keinen Einfluss hat, selbst in einer nahezu perfekten Akquise-Strategie, wie Markus sie entwickelt hat. In Markus' Anfangsphase – nennen wir sie mal die naive Phase – gab es ein nicht unwesentliches Problem. Die, wie Markus sich ausdrückte, «Kistenproblematik».

«Die meisten Frauen laden da doch nur diese vorteilhaft fotografierten Porträtbilder hoch», erläuterte Markus diese

Problematik unwillig. «Was die für einen Hintern haben, merkt man erst, wenn man sich mit ihnen trifft. Scheiße! Wisst ihr, was MySpace in seine Geschäftsbedingungen aufnehmen sollte? Wenn sich Frauen dort ein Profil einrichten, *müssen* sie auch Ganzkörperfotos hochladen. Ansonsten sollte der Account sofort gelöscht werden. Ich lass mich doch nicht verarschen.» Er warf mir einen gereizten Blick zu. «Du kennst doch Leute, die bei MySpace arbeiten, sprich das doch mal da an.»

Ich erwiderte vorsichtig, dass ich mir nicht sicher sei, ob sie das für einen überlegenswerten Gedanken halten würden. Markus sah mich an, als hätte ich den Verstand verloren.

Nachdem sich Markus wieder ein wenig gefasst hatte, sagte er begütigend: «Aber inzwischen ist es ja auch egal, momentan akquiriere ich eigentlich kaum noch. Ich arbeite momentan vorwiegend aus meinem Bestand.»

Tja. So etwas nennt man dann wohl Bestandspflege.

Wir unterbrachen unser Gespräch, als Benno Fürmann das Schönbrunn betrat, oder, um es ein wenig treffender zu formulieren, als Benno Fürmann seinen Schönbrunn-Auftritt hatte. Er setzte sich mit großer Geste an einen der Tische, holte mit großer Geste sein Handy raus und begann erst mal so aufdringlich zu telefonieren, dass jeder mitkriegen musste, wer da gerade saß. Er hielt das neunzig Minuten lang durch. Neunzig Minuten. Das war Spielfilmlänge. Vielleicht lief es bei ihm gerade nicht so gut. Vermutlich war etwas mit seinem Selbstbewusstsein nicht in Ordnung und das war seine Art, das irgendwie auszugleichen. Er gab sich wie ein Prominenter, der in einem dieser zweitklassigen Lifestyle-Magazine in der

Rubrik «Was macht eigentlich …?» auftaucht. Ein Mann, der gegen das Vergessen kämpft. Ich hoffte nur, dass er nicht gleich aufstehen würde, um Autogrammpostkarten zu verteilen – um sicherzugehen, dass ihn auch alle erkannten. Gott sei Dank blieb Fürmann erst einmal sitzen. Er erinnerte mich irgendwie an einen dieser Straßenmusiker, die an den Abenden von Café zu Café ziehen und aus irgendeinem Grund stets in der Nähe des Tisches, an dem man gerade sitzt, ihre Lieder spielen. Ein Gesprächs-Killer. Angenehmer wäre wohl die subtilere Obdachlosenzeitungsverkäufer-Strategie gewesen. Aber das wäre ja nicht so aufgefallen.

Markus ging auf die Toilette. Als er außer Hörweite war, legte Marcel seine Hand auf meinen Arm und sagte: «12,5 Prozent.»

Ich warf ihm einen fragenden Blick zu.

«Markus hat eine 12,5-Prozent-Quote.»

Ich war mir nicht sicher, ob ich das verstanden hatte.

«Wenn sich jede zweite Frau, die Markus anschreibt, mit ihm trifft, und er mit jeder zweiten dieser Verabredungen schläft», präzisierte Marcel mit glänzenden Augen, «hat er praktisch eine Erfolgsquote von 12,5 Prozent.»

Die emotionale Tiefe eines Statistikers. Offensichtlich hatte auch Marcel gewisse Prioritäten gesetzt.

Genauso wie Jasmin, eine Frau, die ich im Mai auf der Geburtstagsfeier einer Bekannten traf. Und so würde ich unser Verhältnis auch beschreiben: Wir haben gemeinsame Bekannte. Das lässt sie nicht zu nah an mich herankommen. Während wir uns begrüßten, erzählte sie mir von ihrem neuen Freund. An seinen Namen kann ich mich nicht mehr erinnern. Das hatte gute Gründe. Wenn ich mich richtig entsinne, ist er nicht einmal gefallen, als ich mich danach erkundigte. Auf ihn fiel nämlich der Schatten eines Namens, der, zumindest aus der Weltsicht von Jasmin, alles verdrängte. Als ich mich nach dem Namen ihres Freundes erkundigte, sagte Jasmin mit leuchtenden Augen: «Er sieht fast wie Matthias Schweighöfer aus. Er hat nur dunkle Haare.»

Ach? So einfach kann die Welt sein. Ein brünetter Matthias Schweighöfer. Zumindest fast. Jasmin hatte ihr Handy schon in der Hand. Um Fotos zu zeigen. Gewissermaßen als Beweis. Ich warf unserer Gastgeberin, die ebenfalls bei uns stand, einen hilfesuchenden Blick zu. Sie sah verträumt auf Jasmins Handy und hauchte: «Matthias Schweighöfer. Der sieht sooooo gut aus.»

Ich warf ihr einen entsetzten Blick zu. Das war hier wohl nicht mehr der richtige Rahmen für mich. Allerdings fiel mir dann doch auf, dass es da ja noch einen nicht unwesentlichen Schönheitsfehler gab, der Jasmins höchstem persönlichem Glück im Weg stand – das Wort «fast». Ich überlegte, inwieweit Jasmin chirurgische Eingriffe befürworten würde, um das Gesicht ihres Freundes ästhetisch dem Schweighöfer-Ideal anzupassen. Wahrscheinlich wäre sie dann glücklich. Und vermutlich sparte sie schon darauf. Zumindest schätzte ich sie so ein. Ihr Freund tat mir jetzt schon leid. Sie musste nur aufpassen, dass sie die arme Sau nicht versehentlich mal Matthias nannte. Oder Matti. Oder Matte. Es könnte ihn eventuell irritieren. Oder zumindest ahnen lassen, auf was er sich da eingelassen hatte. Aber vielleicht schätzte ich ihn auch falsch ein. Vielleicht ließ er sich auf eine solche Idee ein. Dann gäbe es eine schöne und dazu noch außerordentlich romantische Anekdote, die sie später ihren Kindern erzählen könnten. Deren ungläubige Blicke würde Jasmin wahrscheinlich mit einem Satz beantworten, den sie auch im Laufe unseres Gesprächs immer wieder benutzte. Sie würde sagen: «Jenau so war dit jewesen.»

Im Schönbrunn kehrte Markus gerade mit drei neuen Weizen zurück, Fürmanns Art zu telefonieren war noch immer eine Zumutung, und Marcel wirkte, als würde er jetzt gern noch einmal eingehend die 12,5-Prozent-Thematik mit uns durchdiskutieren wollen. Ich nahm das Bier, lehnte mich zurück, seufzte leise und schob das alles erst mal weg. Was soll ich sagen, es funktionierte. Es war wieder so, als würde ich in einem Kino sitzen. Ich ließ meinen Blick über die Leinwand schweifen. Über die begrünten Bunkerberge und die so unterschiedlichen Passanten auf der kleinen Promenade. Es gab mir ein gutes Gefühl. Vielleicht weil dieses Bild meiner Idee von Berlin ziemlich nahekam. Dieses Gefühl half mir, das alles hier zumindest für einige Zeit hinter mir zu lassen.

Lange würde ich es wohl nicht halten können. Aber was hieß das schon?

... UND ER SAGTE: «LASS ES DIR SCHMECKEN»

Es gibt Momente, in denen ich begreife, dass ich mich noch immer in einer bemerkenswert ausgeprägten postpubertären Phase befinde. Am vergangenen Samstag war einer dieser Momente. Der Auslöser war eine harmlose Bemerkung meines Bruders. Als wir am Samstag in der Herrenabteilung des Stefanel-Stores in der Friedrichstraße standen, stellte er fest: «Das Angebot hier ist nicht wirklich überzeugend.» Kein Satz, der dazu prädestiniert ist, eine ausgeprägte postpubertäre Phase zu illustrieren? Warten wir es kurz ab.

Am Wochenende war mein Bruder in der Stadt. Mein Bruder ist Anfang vierzig. Er ist es gewohnt, Anzüge zu tragen. Da wir uns selten sehen, beschlossen wir, am Samstag gemeinsam zu frühstücken und einkaufen zu gehen. Ich dachte an einen oder zwei dunkle Pullover. Ich hatte allerdings nicht mit meinem Bruder gerechnet. Seit diesem Wochenende weiß ich, dass die Idee, sich einen oder zwei dunkle Pullover kaufen zu wollen, unter gewissen Umständen mit einer Beleidigung gleichzusetzen ist. Ich will es einmal so formulieren: Es ist nicht ungefährlich, mit meinem Bruder einzukaufen, denn sobald er das erste Geschäft betritt, passiert etwas mit ihm. Er wird zu einem anderen Menschen. Und dieser andere Mensch ist ein Freund des farbenprächtigen Kleidungsstils, mit einer nicht unerheblichen Vorliebe für, sagen wir mal, progressive Farben.

Rosa, Violett, leuchtendes Grün – egal, wichtig ist nur eine gewisse Farbverbindlichkeit – mit Vorliebe in den gewagtesten Kombinationen. Kleidung, die ich als «Berufsjugendlicher», wie mein Bruder sich gern ausdrückt, eigentlich sogar tragen *muss*. Offenbar ist mein Bruder der Auffassung, dass das Tragen solcher Farben irgendwie von mir erwartet wird. Ich weiß nicht. Auch wenn ich es als «Berufsjugendlicher» ungern zugebe, bin ich eher ein Freund der gedeckten Töne. Doch das zählte an diesem Nachmittag nicht. Ich war jedoch vorbereitet, sozusagen trainiert. Denn in diesen Dingen ist mein Bruder meinem Kollegen Michael nicht unähnlich. Und mit Michael gehe ich hin und wieder einkaufen. Ein gutes Training.

Michael ist der wahrscheinlich maskulinste Mann, den ich persönlich kenne. Eine Art übermaskuliner Prototyp. Er kennt sich gut mit Autos aus. Nein, das ist falsch formuliert, Michael ist in der Lage, über Autos zu sprechen, als wären sie Menschen. Mit den einen kann er gut, mit den anderen weniger gut, manche liebt er. Es besitzt schon eine stark emotionale Tendenz. Die großen Gefühle seines Lebens. Doch all das ändert sich beim Einkaufen.

Geschäfte, in denen Kleidung verkauft wird, sind offensichtlich eine Art Filter. Michael entdeckt in diesen Geschäften seine feminine Seite. Es ist, als wolle er mir eine andere Welt zeigen, als wolle er mich auf eine Reise mitnehmen. Es ist ein bisschen so wie in einem dieser Märchen, in denen Zauberwesen den Helden der Geschichte einladen, ihre Welt zu erkunden. Das Märchen *Alice im Wunderland* funktioniert nach diesem Schema. Wenn ich mit meinem Kollegen einkaufe, funktioniert auch das nach diesem Schema. Ich erlebe also eine

Art «Michael im Wunderland»-Situation. Wie der große wei-ße Hase Alice die Hand reicht, reicht auch mir mein Kollege die Hand. Um auf eine große Abenteuerreise zu gehen. Es gibt viel zu erleben. Ich brauche eigentlich nur noch zuzugreifen. Einmal griff ich zu. Ich hatte keine Ahnung, was da auf mich zukam.

Verkäufer sind nicht mehr nötig, wenn man mit Michael einkauft. Ihre Aufgaben erledigt er allein. Sie hätten sicherlich auch nicht die Energie, mit der er mir immer neue Variationen meines Kleidungsstils vorschlägt. Wenn ich die Umkleidekabine verlasse, hat Michael bereits viele neue Teile entdeckt, die ich «unbedingt» einmal anprobieren sollte. Auf unseren Abenteuerreisen muss ich viel anprobieren. Auch wenn ich ihn nur beim Kauf eines neuen Mantels begleite.

Mit meinem ehemaligen Kollegen Fabian war ich nie einkaufen. Und das aus guten Gründen. Er befindet sich ebenfalls in einer dieser ausgeprägten postpubertären Phasen, mit dem Unterschied allerdings, dass sie praktisch mit seinem Charakter verschmolzen ist. Fabian kann nicht mehr zurück. Insbesondere aus diesem Grund möchte ich ihn hier mal als Meister der metaphorischen Formulierung bezeichnen, insbesondere wenn es um Frauen geht. Fabian bewegt sich durch sein Leben, als wäre er auf einer großen universellen Einkaufstour, und wenn er über Frauen spricht, klingt es, als würde er die Qualität von Lebensmitteln beurteilen. Der Facettenreichtum und auch das Niveau seiner Gleichnisse hängen von seiner Tagesstimmung ab. Mal hat man das Gefühl, an einem edlen Büfett zu stehen, mal, als stände man an einer Fleischtheke oder Lehmanns Döner-Treff. Ich werde nie vergessen, wie wir in einem Club standen und Fabian mit der Bemerkung «Wat nehm wa denn heute?» seinen Blick über die anwesenden Frauen schweifen ließ.

Vor einiger Zeit erzählte er mir in gemütlichem Plauderton, dass er hin und wieder Frauen mit einem originellen und auch überaus einfühlsamen Wortspiel aufforderte, ihn oral zu befriedigen.

Er sagt: «Lass es dir schmecken.»

Aha.

Seitdem Fabian mir davon erzählte, hatte ich ein Bild zu diesem Satz, ein Bild, das mich nicht wieder losließ. Leider. Man kennt das ja. Normalerweise schenkt man Bemerkungen wie diesen keine weitere Aufmerksamkeit. Seit Fabian mir allerdings von seinen Worten erzählte, nahm ich diese Floskel wesentlich bewusster wahr. In den darauffolgenden Wochen hatte ich den Eindruck, als würde sie jeder benutzen. Ich muss zugeben, dass es mit meinem ja nun beträchtlich erweiterten Bildungshorizont schon ein wenig merkwürdig ist, wenn ein guter Freund einer Freundin bei einem gemeinsamen Mittagessen sagt, sie solle es sich schmecken lassen. Und sie sich höflich lächelnd bedankt. Schwierig wird es auch, wenn dieser Satz im Rahmen von Familienfeiern fällt. Es ist, als würde man einen Filter über diese Bemerkung legen. Einen Filter, der nur Interpretationsspielraum in eine Richtung zulässt. Ich bin diesen Filter irgendwie nicht losgeworden. Er ist allgegenwärtig. Er hat sich praktisch zu einer meiner Sub-Routinen entwickelt.

Ich stand also mit meinem Bruder in der Herrenabteilung des Stefanel-Stores in der Friedrichstraße. Er sagte gerade:

«Das Angebot hier ist nicht wirklich überzeugend», und ich hatte ein Bild. Es hatte nichts mit Kleidung zu tun. Wir waren die einzigen Kunden. Ich betrachtete die drei Verkäuferinnen, die nicht weit von uns entfernt standen. Sie wirkten, wie mir erst jetzt auffiel, geradezu aufdringlich hilfsbereit, als würden sie uns bei einem ersten Zeichen von Unachtsamkeit angreifen. Sie erinnerten an Kampfhunde auf Angel Dust.

Ich dachte kurz an Fabian, der, bevor er sich in ein Restaurant setzte, erst einmal prüfte, ob sich attraktive Frauen unter den Gästen befanden. Waren keine unter ihnen, verließ er das Restaurant schnell wieder und ging weiter. Ein Mann mit Prinzipien.

Ich warf meinem Bruder einen bestätigenden Blick zu und lächelte höflich zu den Verkäuferinnen hinüber. Dann sagte ich: «Du hast recht. Wollen wir weiter?»

DIE NAMEN MEINER EXFREUNDINNEN

Ich bin ja inzwischen in einem Alter, in dem ich, wenn ich zum Beispiel auf der Straße nach dem Weg gefragt werde, nicht mehr geduzt werde. Am Samstag ist es wieder passiert. Ich muss zugeben, dass ich mich immer noch nicht daran gewöhnt habe. Dieses «Sie» trifft mich immer sehr unerwartet. Die meisten Sätze, in denen dieses Wort vorkommt, klingen bereits wie eine Verabschiedung. Und eine einleitende Frage, die wie eine Verabschiedung wirkt, verunsichert mich schon ein wenig.

Die meisten kennen sicherlich diese Momente, in denen einem bewusst wird, wie schnell die letzten Jahre vergangen sind. Man wird ein wenig melancholisch, hört sich Platten von Bands an, die man früher mochte, oder gibt bei Google die Namen seiner Exfreundinnen ein. Wenn es ganz schlimm ist, trifft man sich sogar mit einer von ihnen.

Kürzlich hat mir mein Freund Philipp von einer Erhebung erzählt, die sich mit der Diskrepanz von gefühltem und gelebtem Alter befasste. Das Ergebnis dieser Statistik besagte, dass sich der Deutsche im Allgemeinen durchschnittlich 8,3 Jahre jünger fühlt, als er ist. 8,3 Jahre. Interessant. Somit wäre ich mit meinen nahezu 34,5 Jahren (um in der Tonalität dieser Erhebung zu bleiben) gefühlte 26,2. Und das klingt gar nicht schlecht.

Jetzt verstehe ich auch, warum mir Philipp, der im letzten Dezember 35 geworden ist, leicht melancholisch von dieser Statistik erzählte. Er ist nicht durch Zufall darauf gestoßen. Er hat danach gesucht.

Mein Bekannter Stephan ist vor einigen Tagen 36 geworden. Er hat keine Probleme mit seinem Alter. Er sieht die Dinge generell etwas entspannter. Er ist ein sehr ausgeglichener Mensch. Er trägt gerne T-Shirts, auf denen in großen Buchstaben Sprüche wie «A friend with weed is a friend indeed» stehen, und gerade dieser Satz fasst meinen Gesamteindruck von Stephan schon sehr treffend zusammen.

Vor ungefähr einer Woche schrieb mir Stephan eine E-Mail, in deren Betreff «Jeburtstach» stand. «Hellochen, am 19. 07. werd ich 36 und am 21. 07. (Samstag) feiern wir das. In der Stargarder Str. 35. Ab 21 Uhr. Wer nicht weiß, wo er klingeln soll, ist nicht eingeladen. Keine Geschenke! Nur Getränke!»

Nun ja. Stephans E-Mail klang irgendwie schon sehr nach Berliner Pilsner, Goldbrand und Frauen namens Chantal Lehmann, oder wie auch immer Frauen heißen, die in den achtziger Jahren in Ostberliner Plattenbaubezirken aufgewachsen sind. Trotzdem beschlossen mein Kollege und ich hinzugehen. Wir gingen zu dem Saturn-Markt am Alexanderplatz, um Stephan ein Geschenk zu besorgen. Mein Kollege dachte an ein technisches, ich eher an ein lustiges Geschenk. Wir hielten uns nahezu zwei Stunden bei Saturn auf, ohne etwas Passendes zu finden. Als wir ein wenig ratlos in einem Gang standen, in dem viele Radios angeboten wurden, die wie geistig behinderte Tiere aussahen, schlug ich so beiläufig wie möglich vor: «Lass uns doch nochmal bei den DVDs gucken.»

DVDs. Es gibt wohl kein unpersönlicheres Geschenk als eine DVD. Genau so gut hätten wir ihm auch einen Pflasterstein schenken können. Oder eine Packung Nägel. Aber langsam verloren wir die Lust an der Suche. Jetzt sollte es nur noch schnell gehen. Im Special-Interest-Bereich der Saturn-Film-Abteilung wurden wir fündig. Es war ein Dokumentarfilm, der *Das Politbüro privat* hieß und in dem laut der Kurzbeschreibung «erstmals die Angestellten des Politbüros ihr Schweigen brechen». Ein absurdes Geschenk, insofern also eher etwas Lustiges. Als ich mich einige Tage später auf der Party mit den ersten Gästen unterhielt, begriff ich, dass es – leider – ein sehr passendes Geschenk war.

Diese Party schien ein Treffen der selbstbewussten Ostdeutschen zu sein. Die meisten hier waren in meinem Alter, gaben sich aber so, als würden sie Reden für SED-Ehemaligentreffen verfassen. Ich hörte Begriffe der DDR-Alltagsprache, an die ich seit Jahren nicht einmal gedacht hatte. Ich vermied, in Gesprächen zu erwähnen, dass ich fünf Jahre in Köln gelebt hatte. Das war natürlich einigen bekannt, und diejenigen sprachen von dieser Zeit, als wäre ich damals in den Krieg gezogen.

Ich lernte den neuen Freund meiner Bekannten Nora kennen, dem ich, um ihn zu ärgern, erzählte, ich habe gehört, er stamme ursprünglich aus Wuppertal. Er hätte mir fast eine reingeschlagen.

Das war nicht meine Welt.

Christoph, den ich seit mindestens acht Jahren nicht mehr gesehen habe und mit dem ich mich früher eigentlich ziemlich gut verstanden hatte, erzählte mir, dass er kürzlich einen Anruf von einem seiner Freunde erhalten hätte, der ein – ja, man kann schon sagen – erstaunlich ungewöhnliches Anliegen hatte.

«Ick hab jetzt schon fünfmal meine Freundin jefickt – die hat immer noch nich jenuch, ick krieg keinen mehr hoch, ick kann einfach nich mehr», erläuterte Christophs Freund die Situation atemlos. «Kannst du nicht noch vorbeikommen und sie ficken?»

Ich versuchte ein angemessenes Lächeln, als er die Erzählung beendet hatte. Die Geschichte war mir ein wenig unangenehm. Persönlich kannte ich Christophs Freund nur flüchtig. Wesentlich besser kannte ich allerdings die Anekdoten, die mir in regelmäßigen Abständen über ihn erzählt wurden.

Christophs Freund gehört zu den Menschen, die ich nicht einordnen kann, insbesondere wohl auch darum, weil sich in mir etwas sträubt, ihn in irgendeiner Weise einzuordnen. Ich meine, was ist von jemandem zu halten, der, wenn kein Duschbad mehr im Haus ist, ein «Meister Proper»-Wannenbad nimmt? Und wie ist jemand einzuschätzen, der sich bei frisch verliebten Freunden erkundigt, inwieweit die neue Freundin einem Dreier gegenüber aufgeschlossen wäre – und das auch ernst meint? Christophs Freund war auch mal für einige Monate mit einer Frau zusammen, die einen Fäkal-Fetisch hatte. Er war froh, überhaupt mit einer Frau zusammenzusein, und hat alles mitgemacht. Keine sehr angenehme Vorstellung, vor allem für Menschen wie mich, vor deren innerem Auge sich Geschichten immer sehr bildhaft und auch farbenprächtig abspielen.

Diese neueste Anekdote ergänzte die anderen Erzählungen irgendwie folgerichtig, leider war ich jedoch nicht in der Lage, ein schlüssiges Ganzes zu erkennen.

Kannst du nicht noch vorbeikommen und sie ficken? O Gott!

Ich betrachtete das leere Glas in meiner Hand. Es war wohl Zeit für einen neuen Drink.

Dann sagte Christoph: «Ick bin dann natürlich noch hinjefahren. Dit war so'n richtijes Rubens-Weib. Wie die sich da auf dem Bett jeräkelt hat.»

Wie bitte? Ich hätte fast mein Glas fallen lassen.

Wie die Geschichte ausgegangen ist, hat er mir nicht mehr erzählt. Ich habe auch nicht nachgefragt. Vorsichtshalber. Später sagte er zu mir: «Weeßte, Micha, wir müssen uns mal wieda treffen. Is doch eijentlich schade, dass wir keenen Kontakt mehr haben.»

Ich sah das ein wenig anders, nickte jedoch bestätigend. Ich ließ mir seine Nummer geben und sagte ihm, dass ich mich bald bei ihm melde. Ich wusste, dass ich mich nie melden würde.

Während ich mir in der Küche einen neuen Drink machte, dachte ich an Edward Norton, der einmal gesagt hat: «Jeder von uns hat wohl Freundschaften, die vor langer Zeit begonnen haben, aber inzwischen – ganz unbemerkt – viel von ihrer Substanz verloren haben. Die einzige Verbindung ist nur noch die gemeinsame Vergangenheit.»

Besser hätte ich es nicht formulieren können. Ich verließ die Party. Hier hatte ich nichts mehr zu erwarten.

Auf der Straße sprachen mich zwei junge, sehr gut aussehende Frauen an: «Entschuldigen Sie, wir suchen die Stargarder Straße 35.»

Ich hob wortlos den Arm und wies zu den offenen Fenstern von Stephans Wohnung. Sie bedankten sich artig und verschwanden. Ich sah ihnen einen Augenblick nach, bevor ich mich auf den Heimweg machte. Ihre Frage hatte wie eine Verabschiedung geklungen.

NICHT SCHLECHT IST BESSER ALS GUT

Vielleicht kennen Sie diese Momente. Momente, in denen man im Kino nach einem guten Film noch sitzen bleibt und sich den Abspann ansieht. Den ganzen Abspann. Man möchte die Stimmung noch ein wenig halten. Wenn man sich dann später vor dem Kino eine Zigarette anzündet, ist da noch dieser Nachhall. Man weiß, dass man ihn vielleicht nur für diese Zigarettenlänge halten kann. Dann ist er weg. Diese Gewissheit macht solche Momente zu melancholischen Momenten. Man lässt seinen Blick über die herumstehenden Leute ziehen und weiß, dass man irgendwie nicht dazugehört. Als hätte man ein Geheimnis, das man nicht mit anderen teilen möchte. Ein gutes Geheimnis. Es ist einer dieser Momente, zu denen eine Zigarette passt. Ein Moment, in dem man nicht reden muss. Wenn man mit Freunden im Kino war, die auf dem Nachhauseweg bereits beginnen, den Film auszuwerten, ist es schon versaut. Man kommt zu schnell im Alltag an. Es gibt keinen fließenden Übergang. Und so etwas ist immer ein wenig ernüchternd.

Hin und wieder begreift man in diesen Momenten, dass es Zeit ist, ein paar Dinge im Leben zu ändern. Wichtige Dinge. Es ist diese euphorische Aufbruchstimmung. Wenn man älter ist, hat man dieses Gefühl seltener. In einem Interview, das ich letzte Woche in der *Berliner Zeitung* las, wurde der Schriftsteller Nick Hornby gefragt, was es für ihn ausmacht, jung zu sein. Hornby definiert das mit der Fähigkeit zu diesem Gefühl. Nicht schlecht, Nick! Wirklich nicht schlecht.

Weil ich in der vergangenen Woche krank war, habe ich die Zeit mit sehr vielen Filmen verbracht. Wenn ich krank werde, erwischt es mich meistens richtig. Das volle Programm. Man liegt im Bett oder auf dem Sofa und kann eigentlich nur schlafen oder fernsehen. Insofern fand mein Alltag der letzten Tage auf, sagen wir mal, Kinofilmniveau statt. Die großen Gefühle meines Lebens kamen eine Woche lang aus Kinofilmen. Vor allem, wenn man bedenkt, dass ich auf starken Schmerzmitteln und Antibiotika war.

Allerdings musste ich diese Welt einmal am Tag verlassen. Bedingtermaßen. Um neue Filme auszuleihen. Man braucht Nachschub. Man rafft sich auf, kehrt der perfekten Welt mit ihren ausgefeilten Dialogen und Happy Ends den Rücken und macht sich auf den Weg in die Videothek. Ein kurzer Ausflug in die Realität. So etwas kann schnell nach hinten losgehen.

Ich weiß nicht genau, woran es liegt. Offenbar sende ich, wenn ich auf der Straße eher mit mir selbst beschäftigt bin und eigentlich meine Ruhe haben möchte, irgendwelche Signale aus. Eine Art «Hallo Freunde, ich bin genau der richtige Ansprechpartner für die ungewöhnlichen Anliegen aller Menschen, die ich nicht kenne und eigentlich auch nicht kennenlernen möchte»-Signale. Ich muss wohl ein wenig an meiner Körpersprache arbeiten.

Auch am vergangenen Dienstagabend fiel ich als ein geeigneter Ansprechpartner auf. Ein älterer Herr trat mit bedeutsamer Miene auf mich zu. Es schien wichtig zu sein. Ich verlangsamte meine Schritte und versuchte einen hilfsbereiten

Blick. Dann rief mir der Mann ein wenig atemlos zu: «Hitler? Kennen Sie Adolf Hitler?»

Es war der erste Satz, den an diesem Tag jemand zu mir sagte. Ich war ein wenig überfordert. Bevor ich reagieren konnte, lief der unruhige ältere Herr bereits mit hastigen Schritten weiter. Ich sah ihm nach und fragte mich, wie wohl die Mitarbeiter meiner Videothek auf eine Frage dieser Art reagieren würden. Ich fürchte, wesentlich angemessener als ich.

Es gibt ja dieses Image, das in amerikanischen Filmen von Charakteren, die in Videotheken arbeiten, gezeichnet wird. Es sind die sympathischen Verlierer. Charaktere, die der Rolle des Plattenverkäufers, den John Cusack in der wunderbaren Verfilmung des Nick-Hornby-Romans *High Fidelity* spielt, nicht unähnlich sind. Vielleicht sind Videotheken-Mitarbeiter in den USA ja so. Die coolen Freaks, die ihre Filmleidenschaft zu ihrem Beruf gemacht haben. Vielleicht bilden sie dort eine urbane, gesellschaftlich außerordentlich beliebte Subkultur.

Es hat wohl etwas damit zu tun, dass wir hier nicht in den USA sind, denn dieses Image des Verlierer-Sympathieträgers wird von den Angestellten meiner Videothek irgendwie gebrochen. Da ich mir sehr oft Filme ansehe, bin ich ziemlich häufig in dieser Videothek. Mit den Angestellten komme ich jedoch nicht klar. Die Menschen, die in meiner Videothek arbeiten, sind nämlich immer beunruhigend gut drauf. Immer! Sie kultivieren eine, man kann schon sagen, überaus aggressive Form der Heiterkeit. Ohne Rücksicht auf Verluste. Gute Laune auf einem, wenn man so will, waffenfähigen Niveau. Auch die Mitarbeiter der Videothek, in der ich mir in der Zeit, in der ich in Köln lebte, Filme auslieh, besaßen diese emotionale Eigenheit. Auf mich wirken sie immer, als wären sie kurz davor durchzudrehen. Als hätten sie nach ihrer letzten Therapiesitzung beschlossen, dass sie ohne ihre Medikamente doch eigentlich auch ganz gut klarkommen werden. Ein Tanz am Abgrund der Zurechnungsfähigkeit. Nur ein falscher Ausfallschritt, und die Dinge laufen aus dem Ruder. Wie in einem Tarantino-Film.

Quentin Tarantino hat ja auch lange in Videotheken gearbeitet. Vielleicht gibt es da Zusammenhänge. Wenn ich sehe, wie sich Tarantino in Interviews gibt, finde ich es nämlich gar nicht so abwegig, dass Robert Rodriguez, der ihn ja ziemlich gut zu kennen scheint, in seinen Filmen diese Vergewaltiger-Typen konsequent mit seinem Kumpel Quentin besetzt. Es ist schon ein wenig verstörend. Aber irgendwie schließt es ja auch den Kreis zu den Angestellten meiner Videothek. Vor allem, wenn man weiß, wie Quentin Tarantino lacht.

Aber vermutlich ist es viel einfacher. Vielleicht gibt es Kurse, Gute-Laune-Schulungen, damit man vor allem als weiblicher Mitarbeiter Kunden, die sich Filme wie *Verfickte Mistmuschis, Speckmösen Teil 3* oder *Alt, geil und obdachlos* ausleihen, mit einem aufmunternden «Wir verstehen uns»-Lächeln zunicken kann. Auf natürliche Art. Das wäre nachvollziehbar. Sicherlich ist man dann auch in der Lage, einem unscheinbaren älteren Herrn, der mit den Worten «Kennen Sie Adolf Hitler?» eine Kalaschnikow auf den Tresen legt, das gleiche aufmunternde Lächeln zuzuwerfen.

Als ich dann meine Videothek betrat, war alles wie immer. Es war nicht voll an diesem Dienstagabend. Wir waren zu viert. Eine ziemlich gut aussehende junge Frau, ein junger

Mann, eine Angestellte der Videothek und ich. Als ich den jungen Mann passierte, der gerade mit abschätzendem Blick eine *Planet Terror*-DVD-Hülle wog (es sah wirklich so aus, als würde er die Hülle wiegen), rief die junge Frau freundlich: «Schahaatz, kommst du? Die Pornos und die Horrorfilme stehen hier hinten.»

Der junge Mann hob lächelnd seinen Blick und stellte die DVD-Hülle sorgfältig ins Regal zurück. Dann ging er schnell an mir vorbei. Offensichtlich nach hinten. Ich blickte ungläubig zu der Angestellten der Videothek hinüber. Sie warf mir lächelnd einen aufmunternden «Wir verstehen uns»-Blick zu. Ich dachte, dass ich jetzt gern einen guten Film sehen würde. Einen mit Happy End. Einen dieser Filme, bei denen man sich den gesamten Abspann ansieht, um die Stimmung noch so lange wie möglich in sich nachwirken zu lassen. Diese euphorische Aufbruchstimmung. Ich überlegte ziemlich lange, welcher Film jetzt am ehesten diese Stimmung in mir auslösen könnte. Aber mir fiel keiner ein.

DIE DEUTSCHE SEELE UND ICH

Als ich am Sonntag auf meinem Balkon stand und auf die Straße hinuntersah, musste ich an meinen Freund Manuel und an die deutsche Seele denken. Manuel, der in Wolfsburg aufgewachsen ist und inzwischen in Mitte lebt, beschäftigte vor einiger Zeit ein nicht unwesentliches Problem. Er stellte fest, dass er kein Hobby hatte.

«Ein Mann braucht ein Hobby», gestand er mir mit Verschwörermiene und teilte mir auch umgehend mit, dass er vor kurzem etwas gefunden hat, das zu ihm passt: «Alkohol.»

Alkohol? Als Hobby? Nun gut.

Sie werden sich jetzt vielleicht fragen, wo hier der Zusammenhang zur deutschen Seele zu finden ist. Warten Sie kurz ab.

Es ist natürlich eine interessante Frage: Wo findet sich am anschaulichsten die Seele eines Landes? Die wahre Mentalität. Wo wird sie erkennbar, greifbar, vielleicht sogar verständlich? Mein Bekannter Alexander tendiert zu der Ansicht, man finde sie im Fernsehprogramm des jeweiligen Landes. Das ist schon mal kein schlechter Ansatz.

Manch einer würde in Bezug auf die deutsche Seele die *Bild*-Zeitung nennen. Sie ist ja schließlich der Meinungsmacher des Landes. Als Schröder Kanzler wurde, galt einer seiner ersten Anrufe Kai Diekmann, dem Chefredakteur von *Bild*. Bei Merkel wird es nicht anders gewesen sein. Schlägt man also das Boulevardblatt auf, sieht man sozusagen in das Gesicht unseres Landes, in die größtmögliche Schnittmenge, den kleinsten gemeinsame Nenner? Ich bin mir nicht sicher.

Vor einiger Zeit hatte eine ziemlich bekannte Werbeagentur die Idee, «das deutsche Wohnzimmer» einzurichten. Sie recherchierten die Einrichtungsgegenstände, die die Deutschen gerade am häufigsten kaufen, und richteten dann gewissermaßen ein Musterzimmer der deutschen Seele ein. Wenn ich es richtig verstanden habe, lassen sie ihre Kreativen bei der Ideenfindung zu neuen Kampagnen in dieser Kulisse sitzen, damit sie sich besser in die Zielgruppe hineinversetzen können. Ich habe Fotos dieses Zimmers gesehen. Es hat mir Angst gemacht. Die deutsche Seele hat offenbar nicht allzu viel mit dem Leben zu tun, in dem ich mich bewege. Allerdings findet an diesem Wochenende auf der Straße, in der ich lebe, ein Fest statt, dessen Besucher ganz gut in dieses Zimmer passen würden. Insofern kann es sein, dass sich, wenn ich an diesem Augustwochenende von meinem Balkon hinuntersehe, die Seele unseres Landes praktisch vor mir ausbreitet.

Ich wohne ja in der Karl-Marx-Allee in Friedrichshain. Eine schöne Straße. Eine schöne Kulisse. Das fanden wohl auch die Veranstalter des «Internationalen Bierfestivals», das am Wochenende stattfand. Auf dem «größten Biergarten der Welt» waren auf zwei Kilometern 250 Brauereien vertreten. Über 1000 Sorten Bier. Es wurden eine halbe Million Besucher erwartet. Mindestens. Es würde – wie jedes Jahr – zu einem beispiellosen Besäufnis ausarten.

500 000 Menschen finden sich zusammen, drei Tage lang,

jeweils von zehn bis 24 Uhr. Das klingt nach einer repräsentativen Schnittmenge. Das sah das Friedrichshainer Bezirksparlament anscheinend ähnlich, denn zum «traditionellen Fassanstich in Anwesenheit von Gästen aus Politik, Wirtschaft und Kultur» hielt der Gesundheitsstadtrat des Bezirkes die Eröffnungsrede. Der Gesundheitsstadtrat! Das sagt schon eine Menge über Berliner Lokalpolitik aus.

Ich stand also auf meinem Balkon und hatte plötzlich das Gefühl, ganz nah dran zu sein. Sozusagen auf Augenhöhe mit der deutschen Seele. Ich überlegte kurz, dann verließ ich meine Wohnung – und ging rein.

Mein Hauseingang war vollgepinkelt. Vor meinem Haus wälzten sich die trunkenen Massen, latente Aggressivität lag in der Luft. Als ich versuchte, mich in den Strom einzureihen, rempelte mich ein sehr betrunkener Mann an, der wie ein NPD-Stammwähler wirkte. Und so sah er mich auch an. Da ich in solchen Dingen ein sehr vorsichtiger Mensch bin, entschuldigte ich mich bei ihm, dass er mich angerempelt hatte. Dann lief ich schnell weiter.

Ich hielt es nicht allzu lange aus, denn irgendwann stellte ich fest, dass es hier ziemlich viele Menschen gab, die wie betrunkene NPD-Wähler wirkten. Und auch die Gesprächsfetzen, die sich immer mal wieder aus der Menge lösten, verunsicherten mich. Ich beobachtete zwei Männer, von denen der eine gerade mit leuchtenden Augen sagte: «Und er hat sie gefickt und gefickt und gefickt!»

Oho. Offenbar eine Anekdote. Allerdings stellte ich mir dann schon die Frage, inwieweit jemand, der Begebenheiten aus dieser Erzählperspektive skizziert, in diese Geschehnisse eingebunden war. War er ein Augenzeuge? Hat er die Kamera gehalten? Vorstellbar wäre es. Das Filmen solcher Dinge im Bekanntenkreis soll ja in eher bildungsferneren Sozialstrukturen ein beliebtes Hobby sein. Genauso wie Bauchnabel-Piercings, die ja ebenfalls als beliebte Schmuckstücke beim Proletariat gelten.

Ich gelangte dann durch den Hintereingang in mein Haus zurück. Allerdings hätte ich aus den Erfahrungen der letzten Jahre wissen müssen, dass hinter meinem Haus die Betrunkenen abgelegt werden. Auch sind dort Pärchen anzutreffen, die sich aus einem romantisch verklärten Impuls heraus hinter mein Wohnhaus zurückziehen, um dort zwischen Erbrochenem und bewusstlosen Körpern Sex zu haben.

Ich wohne in der fünften Etage. Von meinem Balkon konnte ich dieses Fest also mit dem nötigen Abstand beobachten, sozusagen von oben herab. Vielleicht reichte das ja schon.

Meine Wohnung hat Schallschutzfenster. Die besten, die es gibt, wie mir mein Vermieter beim Einzug versicherte. Sie nützen nichts.

Vor meinem Haus, direkt unter meinem Balkon, hatten sie die «Weberwiesen-Bühne» aufgebaut. Auf dieser Bühne gab es einen DJ, sozusagen den «Weberwiesen-Bühne»-Resident-DJ. Der Mann nannte sich «DJ Icke». Und DJ Icke moderierte! Er moderierte jeden Song an. Er sagte Sätze wie «Und jetzt etwas für alle Verliebten», irritierenderweise in einem Tonfall, als wäre er eine wandelnde Sexualstraftat. Leider sah DJ Icke auch so aus. Er präsentierte, konzeptionell überaus elegant gelöst, «stimmungsvolle Melodien vom Fass». Er brachte es fertig, Lieder der Puhdys, von Village People, AC/DC und Wolfgang

Petry in den gewagtesten Konstellationen aneinanderzureihen. Mich würde interessieren, was Angus Young, der Gitarrist von AC/DC, davon halten würde, wenn er wüsste, dass seine Band mit Wolfgang Petry in einem DJ-Set auftaucht, dass AC/DC und Wolfgang Petry in irgendeiner Form vereinbar sind. Offensichtlich sind sie es, zumindest auf dem Bierfestival, denn das Publikum war bei allen gespielten Liedern erstaunlich textsicher.

DJ Icke spielte auch Nina Hagens Hit «Du hast den Farbfilm vergessen, mein Michael». Und damit kriegten sie sogar mich. Denn dieser Song, der ein Jahr vor meiner Geburt herauskam und sehr erfolgreich war, brachte meine Eltern auf die Idee, mir diesen Namen zu geben.

Für das musikalische Rahmenprogramm auf der Bühne vor meinem Haus waren abgesehen von DJ Icke Bands verantwortlich, die «Hot & Fire» oder «Creme Fresh» hießen und leider auch so klangen. Bands, die mit solchen Sätzen werben: «Durch die langjährigen Erfahrungen von Sänger Christian als Entertainer, Moderator und Partydeejay ist jeder Auftritt eine phantastische Show mit viel Animation.» Und das auch ernst meinen.

Das klingt nach Realsatire. Genauso wie die Schlagzeilen der *Bild*-Zeitung, die Nachrichten in Comic-Form präsentiert. Genauso wie der Mitteldeutsche Rundfunk, der einer der Lieblingssender von Stefan Raab ist, weil der erfolgreichste Sender unter den dritten Programmen dem Mann mit praktisch jeder zweiten Sendung erstaunlich verwendbares Material für seine Show TV-Total liefert. Realsatire. Man darf es nicht zu nah an sich herankommen lassen. Man darf eigentlich nicht einmal darüber nachdenken. Also bin ich geflohen. Ich bin, wenn man so will, vor der deutschen Seele geflohen.

Ich traf mich mit Ela in einem Restaurant am Helmholtzplatz. Ela hat polnische Wurzeln, sie ist gutaussehend und intelligent. Sie ist keine Biertrinkerin, sie bevorzugt eher Bionade oder Weißweinschorle. Wir unterhielten uns sehr angenehm. Es war, als würde ich eine Auszeit nehmen. Ich dachte auch nicht mehr daran, dass ich bald zurückmusste. Zu den anderen.

AUCH HÄSSLICHE SINGLES

Vor zwei Wochen sprach mir Alexander Osang aus der See-le. Alexander Osang ist ein ziemlich bekannter Journalist, der auch einige Romane geschrieben hat. Wir saßen im Blauen Band, einem Restaurant in der Alten Schönhauser Straße in Mitte. Osang trank grünen Tee, ich bestellte mir einen Latte macchiato und einen großen Grapefruitsaft. Wir sprachen über seinen letzten Roman und über die Kolumnen, die er in den neunziger Jahren in der *Berliner Zeitung* veröffentlicht hat. Kolumnen, die sehr erfolgreich waren. Irgendwann sagte Osang einen Satz, der mir nicht fremd war. Er sagte: «Viele meiner Leser denken, sie würden mich sehr gut kennen.»

Ich sah auf.

«Es ist natürlich ein Missverständnis», fuhr Osang fort. «Die Kolumnen, die ich geschrieben habe, sind ja in gewisser Weise aus der Sicht einer Kunstfigur erzählt. Viele sehen das jedoch nicht. Sie verwechseln diese Figur mit mir.»

Dem kann ich nur zustimmen.

Mir fällt es vor allem auf, wenn ich Dates mit Frauen habe, die sich beunruhigend gut in meinen Texten auskennen. Frau-en, die ein Bild von mir haben, bevor sie mich kennenlernen. Das Bild eines Charakters, das ich in meinen Texten transpor-tiere. Das Bild eines Charakters, der ich nicht bin.

Ganz unabhängig von meinen Texten gibt es ja generell

diese Diskrepanz zwischen dem Selbstbild und dem Bild, das andere von einem haben – der Außenwirkung. Ich muss zugeben, dass es mir gewisse Schwierigkeiten bereitet, meine Außenwirkung einzuschätzen. Oft habe ich sogar das Gefühl, sie entzieht sich meiner Kontrolle. Kein sehr beruhigendes Gefühl, vor allem, wenn so etwas im Bekanntenkreis passiert, also mit Menschen, bei denen man davon ausgeht, sie würden einen eigentlich ganz gut kennen.

Vor einiger Zeit erzählte mir ein Bekannter, dass er sich auf dem Heimweg von durchtanzten Clubnächten häufig in der Tankstelle noch einen Sechserpack Bier kauft. Er trinkt die sechs Flaschen dann nach dem Aufstehen, um damit einem Kater vorzubeugen. Eine Präventivmaßnahme, die mir bisher nicht vertraut war und mir ehrlich gesagt ein nicht unwesentlicher Schritt auf dem Weg zum Alkoholiker zu sein scheint. «Reparaturmolle» nannte mein Bekannter diese Mechanik. Er warf mir einen aufmunternden Blick zu und sagte: «Das kennen wir doch alle, nicht wahr?»

Wir alle? Ich bin mir nicht sicher, wen er mit «wir alle» meinte. Offenbar gehörte ich jedoch seiner Einschätzung nach dazu. Das verunsicherte mich schon ein wenig. Ich schien in Fragen meines Identitätsmanagements noch einigen Nachholbedarf zu haben.

Dieses Gefühl verdichtete sich, als mein Bekannter Nikolas mir einige Tage darauf seine Theorien in Bezug auf Laufwege darlegte. Eigentlich kein uninteressantes Thema. Es gibt Menschen, die man zwar nicht kennt, denen man jedoch häufig begegnet. Man sieht sich oft auf dem Weg zum Bäcker, in der Straßenbahn oder im Restaurant. Man hat die gleichen Laufwege. Das Interessante daran ist, dass diese Wege die einzige Verbindung zwischen dem Leben dieser Person und dem eigenen sind, die einzigen Berührungspunkte zweier Leben. Ein reizvoller Ansatz. Vielleicht nickt man sich irgendwann mit einem erkennenden Lächeln zu. Vielleicht kommt man auch ins Gespräch. Nikolas versicherte mir, das man das natürlich auch strategisch nutzen kann, indem man manipuliert. Er erzählte, dass er hin und wieder die Laufwege von Frauen auskundschaftet, in die er gerade verliebt ist, um eine dieser reizvollen Situationen zu inszenieren.

Er folgte den Frauen stundenlang, um ihre Laufwege herauszufinden?

Ich sagte: «Im Grunde genommen nennt man das doch Stalking, oder?»

Nikolas warf mir einen verständnislosen «Du scheinst nicht viel von der Liebe zu verstehen»-Blick zu. Dann wechselte ich schnell das Thema. Ich fragte mich, warum er gerade mir diese Dinge erzählte. Die Antwort war einfach. Mein Bekannter dachte, ich wäre ihm in solchen Dingen ähnlich. Nun ja. Man hat es nicht in der Hand.

Es ist natürlich ein interessanter Gedanke, wonach wir die Menschen auswählen, mit denen wir uns umgeben. Gerade in meinem Alter, in dem man hin und wieder mit einem leicht melancholischen Gefühl feststellt, dass man früher Freunde hatte und jetzt eher Bekannte.

Wir haben von den Menschen, mit denen wir uns umgeben, ein Bild. Es ist ein einfaches Bild. Unsere Schnittmenge. Die Verbindung zwischen zwei Leben. Nach diesem Bild beurteilen wir sie. Wir wählen unsere Bekannten danach aus, inwieweit sie nach unserem Verständnis zu unserem Lebensentwurf passen. Ob sie ihn sinnvoll ergänzen. Wir sehen den Teil von ihnen, der sich in unseren Lebensentwurf fügt, den Teil, der zu uns zu passen scheint. Wir umgeben uns, wenn man so will, mit Bestätigungen unserer selbst. Das ist ganz natürlich. Wir machen das alle. Es hilft uns, die Welt zu ordnen.

Ich glaube, dass man das auch auf Texte anwenden kann.

Ich kenne einen Mann, der sich seiner Außenwirkung wesentlich bewusster ist als ich. Er kultiviert sie. Er kultiviert eine, sagen wir mal, überzeichnete Wirklichkeit. William Shakespeare entwarf seine Stücke nach einer «Die Wirkung ist wichtiger als die Wahrheit»-Philosophie. Ihm ging es in seinen Dramen vorrangig um die Wirkung bestimmter Szenen, ihr ordnete er eventuelle Ungereimtheiten der Handlung unter. Ich bin mir nicht sicher, ob das Hendrik bekannt ist, allerdings scheint er dieses Prinzip auf sein gesellschaftliches Leben anzuwenden.

Seine Art zu reden erinnert an Synchronstimmen amerikanischer Action-Filme. Jeder Satz wirkt wie ein Statement. Und so gibt er sich auch. Wahrscheinlich übt er diese Art der Rhetorik zu Hause vor dem Spiegel, während gerade in voller Lautstärke ein Film der *Stirb Langsam*-Reihe auf seinem Fernseher läuft. Wenn wir uns in einem Café treffen, erwarte ich schon rein instinktiv, dass jeden Moment irgendwo etwas explodiert, damit mein Bekannter eine Waffe ziehen kann. Er ist gewissermaßen der John McClane meines Bekanntenkreises. Und so sieht er sich wohl auch. Er hat, wenn man so will, seine gesellschaftliche Rolle entworfen. Eine Art Gesamtkunstwerk. Er muss nur aufpassen, dass er seine Persönlichkeit noch von diesem Entwurf trennen kann. Dass er sich nicht selbst darin verliert. Wenn es nicht schon zu spät ist.

Im Blauen Band gaben wir der Kellnerin ein Zeichen und verlangten die Rechnung. Osang legte behutsam eine EC-Karte der Berliner Sparkasse auf den Tisch. Ich warf ihm einen fragenden Blick zu. Der Mann war einer der bekanntesten Journalisten des Landes, er hat sieben Jahre in New York gelebt, bezog ein Gehalt, über das er nicht mehr sprach, und zahlte mit der Karte der Berliner Sparkasse? Irgendetwas passte hier gerade nicht zusammen.

«Berliner Sparkasse?», sagte ich.

«Ach ja, die benutze ich immer, wenn ich hier in der Gegend ausgehe», entgegnete Osang, «aus Image-Gründen. Die Platinkarten hab ich weiter hinten in der Brieftasche versteckt.»

Wir lachten. Es war ein Scherz. Natürlich war es ein Scherz! Als ich jedoch einige Tage darauf einem guten Bekannten davon erzählte, sah er mich einige Augenblicke fassungslos an und sagte: «Das ist ja nicht zu fassen. Was seid ihr denn für Snobs?»

Abgesehen davon, dass ich den Begriff «Snob» in den achtziger Jahren zum letzten Mal gehört habe, war ich irritiert. Mein Bekannter kennt mich eigentlich ganz gut. Und auch meinen Humor. Zumindest war ich bisher davon ausgegangen. Offenbar war das nicht der Fall. Ich wollte etwas Vorwurfsvolles erwidern, ich hatte, wenn man so will, innerlich bereits durchgeladen, doch dann, sehr plötzlich, begriff ich, dass es nicht wichtig war.

Die meisten beurteilen die Menschen nach einem einfachen Bild. Sie wollen dieses Bild haben. Sie wollen die anderen so sehen, wie es in ihre Sicht der Dinge passt. Sie wollen sich von den Äußerlichkeiten täuschen lassen. Es gibt keinen Grund, tiefer zu gehen. Milan Kundera hat in einem seiner Romane geschrieben, dass wir uns nicht dafür interessieren, was die Menschen, mit denen wir uns umgeben, denken. Wir interessieren uns für sie als Bestätigung dessen, was wir denken. Besser hätte ich es nicht formulieren können.

MONOGAMIE FÜR ANFÄNGER

Am Freitag kam ich mal wieder zu spät zu einer Vernissage. Kein schlechter Anfang. In Texten, die mit solchen Sätzen beginnen, meldet sich der Bohemien zu Wort. Das lässt auf einiges hoffen. Allerdings ist der Satz noch nicht zu Ende. Leider, muss man wohl sagen.

Am Freitag kam ich mal wieder zu spät zu einer Vernissage, die in einem Autohaus in Berlin-Lichtenberg stattfand. Denjenigen, die sich in Berlin nicht so gut auskennen, macht vielleicht das folgende Bild deutlich, wie gut die Begriffe Vernissage und Berlin-Lichtenberg zusammenpassen. Oscar Wilde hat einmal in einer Erzählung festgestellt, dass, wenn man die Welt als Bühne begreift, die Rollen oft falsch besetzt worden sind. Am Freitagabend konnte man dieses Bild sogar um ein stilistisches Mittel ergänzen. Auch die Kulisse war falsch gewählt. So gesehen passte sie jedoch ziemlich gut zu den Bildern, die sie hier aufgehängt hatten.

Zwei Künstler präsentierten an diesem Abend ihre Werke. Der eine befand sich offenbar in einer blauen, der andere in einer violett-grauen Phase seines Schaffens. Und so hießen auch ihre Bilder. Ich betrachtete das Gemälde «blau_grau» (Listenpreis: 250 Euro) sehr eingehend. Es half nichts. Mir fehlte irgendwie der Zugang. Aber auch das passte. Denn der fehlte mir zu einem Großteil der anwesenden Gäste ebenfalls.

Ich werde häufig zu Ausstellungseröffnungen eingeladen. Ehrlich gesagt, wäre es mir lieber, öfter mal zu Filmpremieren eingeladen zu werden. Genau genommen entspreche ich nämlich nicht unbedingt der gängigen Ausstellungseröffnungs-Klientel. Ich kann es nicht genau erklären, aber ich habe gewisse Schwierigkeiten, mich zu Malerei zu äußern. Wenn ich zu einer Vernissage eingeladen werde, hoffe ich eigentlich nur, dass man mich nicht nach meiner Meinung fragt.

Vielleicht habe ich Angst, missverstanden zu werden. In der Bewertung von Kunst liegt ja in jedem Satz eine Symbolik. Wenn man Pech hat, sogar eine unfreiwillige Doppelsymbolik. Man hat es nicht in der Hand. Da muss man schon aufpassen, was man so sagt. Man könnte sich natürlich vorbereiten, um mit einem «Ohne mich läuft hier gar nichts»-Lächeln leichthin feststellen zu können, wie überaus stimmig es dem Künstler gelungen ist, die behandelte Grundästhetik von ihrer monumentalen Überwältigungsrhetorik zu befreien. Wahrscheinlich wird man dann jedoch schnell als postarischer Ultra-Reaktionär brekerscher Prägung verstanden. Und das möchte ich nun wirklich nicht.

Auch in meiner Wohnung hängen keine Bilder. Ich habe mir zwar vor einigen Jahren drei schöne Rahmen gekauft und dann auch lange überlegt, welche Art Bilder ich zu Hause aufhängen könnte. Welche Art Bilder zu mir passen. Meine Ideen habe ich jedoch schnell wieder verworfen. Ich hatte das Gefühl, dass meine Ideen letztendlich doch nicht so richtig passten. Ich möchte mich wohl noch nicht festlegen. Die Bilderrahmen standen dann noch eine Weile im Flur herum. Später habe ich sie auf meinen Kleiderschrank gelegt.

«Deiner Wohnung fehlt eine persönliche Note», stellte Sophie fest, als sie mich vor einiger Zeit besuchte und mit einem, ja, man kann schon sagen, bestürzten Blick in meinem Wohnzimmer stand. Dann sagte sie: «Es fehlen Bilder.»

«Ich habe Bücher», wandte ich vorsichtig ein.

Sophie warf mir einen skeptischen «Bücher zählen nicht»-Blick zu, mit dem sie wahrscheinlich gar nicht so unrecht hatte. Zumindest wenn man davon ausgeht, dass man Bücher selten kauft, um sie zu lesen. Bücher kaufen heutzutage die meisten, um sie zu verschenken.

Wie konnte ich jetzt noch die Kurve kriegen? Fotografien wären eine Möglichkeit. Ich überlegte kurz, ihr vorzuschlagen, ich könnte ja großformatige Nacktbilder von mir aufhängen oder vorteilhaft fotografierte Porträtbilder aller Frauen, mit denen ich geschlafen habe. Ich verwarf den Gedanken jedoch schnell wieder, weil ich mir nicht sicher war, ob diese Ideen den Vorstellungen meiner Freundin von einer «persönlichen Note» nahekamen. Abgesehen davon weiß ich nicht, ob ich der Typ für solche Dinge bin.

Um ihre Persönlichkeit zu illustrieren, hat Sophie viele Gustav-Klimt-Lithographien und ein sehr großes Elvis-Plakat in ihrer Wohnung aufgehängt. Und da fängt es schon an. Was ist von jemandem zu halten, der Klimt-Bilder in seiner Wohnung verteilt? Wie ist jemand einzuschätzen, der überdimensionale Elvis-Plakate in sein Schlafzimmer hängt? Ich muss zugeben, dass ich es nicht weiß. Allerdings weiß ich, dass man mit Klimt und Elvis eigentlich nichts falsch machen kann. Vielleicht erzählt das ja schon die ganze Geschichte.

Bei dem Gedanken an Sophies Elvis-Plakat fiel mir ein, dass

ich nach der Vernissage mit ihr verabredet war, um auf die Geburtstagsfeier von Nikolas zu gehen. Mein Bekannter Nikolas feierte am Freitagabend seinen zweiunddreißigsten Geburtstag. Um zehn war ich mit Sophie am Frankfurter Tor verabredet. Ich sah auf die Uhr. Ich hatte noch zwanzig Minuten.

«Heute trinke ich keinen Alkohol», sagte Sophie, als wir uns am Frankfurter Tor begrüßten. Sie war am Abend zuvor mit einer Freundin aus gewesen. Sie schien noch auf Restalkohol zu sein. Der gestrige Abend hatte offenbar eine gewisse Eigendynamik entwickelt.

«Heute bin ich um 17 Uhr aufgestanden», sagte sie.

Obwohl ich die Antwort bereits kannte, erkundigte ich mich, wie es ihr ging. Dreißig Minuten später war Sophie immer noch dabei, meine Frage zu beantworten. «Heute bin ich um 17 Uhr aufgestanden»-Situationen kommen bei Sophie in letzter Zeit häufiger vor, denn Sophie ist gerade in einer komplizierten Phase – in der Trennungsphase. Inzwischen schon seit zwei Monaten. Allerdings hat ihr Freund bisher noch nichts davon mitbekommen. Um sich darüber klar zu werden, was sie eigentlich noch für ihn empfindet, geht Sophie häufig feiern. Und diese Abende entwickeln oft eine gewisse Eigendynamik. Ich weiß nicht, inwieweit ich für Sophie eine Projektionsfläche bin, allerdings beunruhigte es mich schon ein wenig, als sie mir ein Buch empfahl, das sie gerade las. Ein Buch mit dem Titel *Monogamie für Anfänger*.

«Das solltest du auch mal lesen», sagte Sophie.

Sollte ich? Ich dachte an den Brief, der vor einigen Tagen in meinem Briefkasten lag und in dem mir eine Frau, mit der ich vor einiger Zeit geschlafen habe, zu verstehen gab, was für ein Idiot ich doch sei. Sie hat es ein wenig umfangreicher ausgedrückt, aber im Grunde genommen war es wohl das, was sie meinte. Dann dachte ich an Sophies Freund, der mir inzwischen eigentlich nur noch leidtat. Sophie geht es ähnlich – und das ist wohl auch der Grund, aus dem sie noch mit ihm zusammen ist.

Als wir gegen elf auf der Geburtstagsfeier, die im Weltempfänger in Mitte stattfand, eintrafen, war es bereits sehr voll. Und ein Großteil der Gäste war bereits sehr betrunken. Das traf auch auf den Gastgeber zu, was sich darin äußerte, dass er sich wie ein Mensch gab, der es gewohnt ist, das Interesse von Frauen zu wecken, weil sie wissen, was er so beruflich macht. Nikolas ist Regisseur. So was kommt immer gut an.

Es ist ja normal, sich zur Begrüßung auf die Wangen zu küssen. Allerdings bin ich irgendwie nie damit klargekommen. Vielleicht liegt es daran, dass ich nicht damit aufgewachsen bin. In der DDR war diese Art der Begrüßung nicht üblich. Ich habe immer das Gefühl einer unangemessenen Vertrautheit, wenn mich Menschen, die ich noch nie gesehen habe, erst einmal küssen wollen. Daran musste ich denken, als wir den Gastgeber begrüßten. Denn soweit ich das beurteilen kann, begrüßte Nikolas Sophie ebenfalls unangemessen vertraut. Er gab ihr zwei sehr eindringliche Küsse auf die Wangen, dann sah er ihr tief in die Augen und sagte: «Strange.»

Was immer er damit sagen wollte, bei Sophie kam es nicht so gut an. Vielleicht hätte er ihr erzählen sollen, was er so beruflich macht. Sophie warf mir einen fassungslosen Blick zu. Nikolas hatte sich gut eingeführt. Ich holte mir erst mal ein Bier.

Sophie ist eine attraktive Frau. Und wenn eine attraktive Frau wie Sophie melancholisch ist, ist es ganz natürlich, dass sie auch mal ins Philosophieren kommt. Auf ihre Art. Bei Sophie klingt das dann ungefähr so: «Jetzt verstehe ich auch, warum alle Männer hinter mir her sind.» Sie wies mit einer zerstreuten Geste zur Tanzfläche. «Es gibt so wenig hübsche Frauen in Berlin. Sieh dich doch bloß mal hier um.» Ich sah mich um. Es gab schon hübsche Frauen hier. Allerdings sah man den meisten an, dass sie bereits seit einiger Zeit Singles waren. Vielleicht war es das, was Sophie meinte. Ihre Blicke. Blicke, die selbst die gutaussehendste Frau unattraktiv werden lassen können. Wenn man das Gefühl hat, es ist zu einfach, verliert man schnell das Interesse.

Dann sagte Sophie: «Ist dir eigentlich schon mal aufgefallen, dass Nikolas wie ein Hamster aussieht?» Ich sah zu Nikolas hinüber, der sich gerade mit einem Mann unterhielt, der, wie Sophie feststellte, «wie George Clooney aussieht». Das gab dem ganzen eine, man kann schon sagen, surreale Komponente. George Clooney im intensiven Gespräch mit einem Hamster im Anzug. Der Abend schien langsam diese gewisse Eigendynamik zu entwickeln, die Sophie ja schon seit einigen Wochen so vertraut war.

Dann hörte ich Sophie sagen: «Sieh mal, Markus ist auch hier.» Sie gestikulierte in die Menge und versuchte, meinen ehemaligen Arbeitskollegen Markus auf uns aufmerksam zu machen, der offenbar gerade eingetroffen war. Dass Markus hier war, passte auch ziemlich gut. Zumindest passte es zu vielen der anwesenden Frauen. Denn auch Markus ist seit einigen Monaten Single. Und auch ihm sieht man es an. Wir begrüßten uns, ich gratulierte ihm, denn auch Markus hatte einige Tage zuvor Geburtstag.

Als Sophie auf der Toilette war, erzählte er mir, was es Neues in seinem Leben gab. Diesmal war es ein nicht unoriginelles Geburtstagsgeschenk. Da in Markus' Bekanntenkreis offenbar ein ausgeprägtes soziales Verantwortungsbewusstsein herrscht, schenkten ihm seine Freunde etwas überaus Praktisches. Ein Geschenk, das wohl ziemlich gut zu einem Mittedreißig-Single-Mann passt. Sie schenkten ihm eine «Trucker-Möse». Um ehrlich zu sein, wusste ich nicht genau, was das ist. Ich hatte zwar so eine Ahnung, fragte aber vorsichtshalber noch einmal nach.

«Eine Trucker-Möse ist eine Thermosflasche, die mit Hackfleisch gefüllt ist», sagte Markus, als würde er eine Gebrauchsanleitung rezitieren. «Man muss sie nur noch in die Mikrowelle stellen.» Ach? In die Mikrowelle? Der Mann war 36 Jahre alt. Vorsichtshalber zündete ich mir eine Zigarette an. «Sie ist mir allerdings vor einigen Tagen kaputtgegangen», fuhr Markus mit einem Lächeln fort. Ich sah ihn fassungslos an. Er hatte am 11. April Geburtstag. Das war noch gar nicht so lange her.

Als ich zu Sophie hinübersah, bestellte sie sich gerade mit den Worten «Ich bin noch gar nicht betrunken» ihr sechstes Bier. Wahrscheinlich wollte sie sich damit versichern, dass sie ihre «Heute trinke ich keinen Alkohol»-Regel in einem eher geringfügigen Umfang übertreten hatte.

Als ich ihr sagte, dass sie für mich auch eins bestellen sollte, hatte ich plötzlich ein sehr unerwartetes Gefühl. Eine Art Déjà-vu. Es machte mir ein wenig Angst. Der Auslöser waren nicht unbedingt Sophie oder Nikolas oder Markus. Es war das alles hier. Diese Partys. Ich hatte das Gefühl, mich zu wiederholen. Wenn man ausgeht, findet man nie etwas Neues. Man findet nur Variationen eines vertrauten Themas. Man schenkt den Variationen seine Aufmerksamkeit, dass das Grundthema dasselbe ist, nimmt man nicht mehr wahr. Man schiebt es weg und macht am nächsten Wochenende weiter. Ich stand an der Bar und sah mir das alles an, in einer eigenartigen Stimmung. Einer Stimmung, zu der eine Zigarette passt. Das kam in letzter Zeit häufiger vor. Vielleicht war es Zeit für etwas Neues, und mit diesem Gefühl gestand ich mir das ein. Ich zog an der Zigarette und blickte mich noch einmal um. Dann dachte ich: Es gibt keine Überraschungen mehr.

ENFANTS TERRIBLES UNTER SICH

Vor einiger Zeit brachte mich Cristiano Rienzner für einen kurzen Moment aus der Fassung. Es war ein milder Sommerabend. Der Avantgarde-Koch und ich standen vor seinem gerade neu eröffneten Ladengeschäft am Oranienplatz in Kreuzberg. Wir tranken einen vorzüglichen Wein. Rienzner philosophierte über seine Kochkunst. Es fielen Begriffe wie «kulinarische Intelligenz» oder «metaphoric cuisine». Ich kam nicht immer ganz mit, empfand es jedoch als angenehm, seinen Ausführungen zu folgen. Man könnte es sogar ein wenig pathetischer formulieren: Es war ein Abend unterhaltender Intelligenz. Ja, dieser Satz passt schon ziemlich gut. Zumindest vorerst.

Rienzner erzählte mir gerade von Problemen, die er mit einem Handwerker hatte, der für den Boden seiner Geschäftsräume verantwortlich war: «Dieser Typ ist einfach nicht fertig geworden. Wir hatten nur noch zwei Tage bis zur Eröffnung. Das war praktisch nicht mehr zu schaffen. Ich habe versucht, mit dem Mann zu reden. Entweder hat er mich nicht verstanden, oder er wollte mich nicht verstehen. Ich bin irgendwie nicht zu ihm durchgedrungen. Dann hab ich ihm erst mal eine reingeschlagen.»

Oh, dachte ich. Dann sagte ich behutsam: «Interessant. Der Wein schmeckt übrigens ausgezeichnet.»

Auf den ersten Blick erscheint Rienzners Verhalten natürlich ziemlich überzogen. Allerdings sieht es schon ein wenig anders aus, wenn man gewisse Umstände bedenkt. Rienzner gilt ja neben seinen vielfältigen Talenten auch als das Enfant terrible der deutschen Kochszene. Wenn man die «Dann hab ich ihm erst mal eine reingeschlagen»-Situation unter diesem Aspekt betrachtet, hat Rienzner sogar überaus angemessen reagiert. Sein Verhalten hat sozusagen einen symbolischen Wert. Es illustriert seine grundsätzliche Haltung.

Meine Erfahrungen mit Handwerkern sind leider keineswegs so aufsehenerregend wie die von Cristiano Rienzner. Im Grunde genommen beschränken sie sich nur auf das etwas irritierte Gefühl, das ich habe, wenn ich in meinem Briefkasten einen Zettel vorfinde, in dem mir mitgeteilt wird, dass man wegen irgendwelcher Zählerablesungen Zutritt zu meiner Wohnung bräuchte und ich mich zum Beispiel an einem Montag von 7 bis 16 Uhr in dieser zur Verfügung halten soll. Von 7 bis 16 Uhr! An einem normalen Arbeitstag! Wenn ich solche Mitteilungen lese, frage ich mich, wie in Handwerksbetrieben der Alltag eines durchschnittlichen Bürgers dieses Landes eingeschätzt wird.

Durch die Erzählung eines Bekannten, der als Teppichverleger tätig ist und den man sicherlich als das Enfant terrible meines Köpenicker Bekanntenkreises bezeichnen darf, kann ich mich in gewisser Weise sogar als Insider des deutschen Handwerkerlebens bezeichnen.

An einem Vormittag verließ ein Kollege meines Bekannten die Wohnung, in der sie gerade arbeiteten, um ihr Mittagessen zu besorgen. Die Wohnungstür fiel hinter seinem Kollegen ins

Schloss, mein Bekannter war für eine einige Zeit allein. Für eine absehbare Zeit allein.

Stellen wir uns die Situation einmal vor. Es ist Mittag, unser Kollege hat gerade den gemeinsamen Arbeitsplatz verlassen, um etwas essen zu gehen, wir haben für eine halbe Stunde Zeit für uns. Eine kurze Zeit der Ruhe, ein kurze Zeit der Entspannung. Ein wenig Privatsphäre.

Tja, wie nutzt man nun diese Zeit? Was ist die folgerichtigste und auch naheliegendste Beschäftigung? Ach ja! Richtig! Jetzt fällt es uns wieder ein!

«Erst mal eenen wichsen», umschrieb mein Bekannter diese kurze Zeit der Entspannung ausnehmend adäquat. Was er jedoch in seinem Taumel der Lust nicht bedachte, war, dass es durch Bestandteile des Hypoxid-Klebers, den er bei seiner Arbeit benutzte und der sich auch an seinen Händen befand, eventuell zu unerwünschten Nebenwirkungen kommen könnte. Vor allem in empfindlicheren Hautbereichen.

Eine halbe Stunde später kehrte sein Kollege mit ihrem «Mittagessen» zurück. Man setzte sich, *Bild*-Zeitung auf den Tisch, erste Runde. Nach der zweite Runde begann es dann zu jucken. Dann rötete es sich. Dann schwoll es an. Näher habe ich mir den «Krankheitsverlauf» nicht erläutern lassen.

Abgesehen davon, dass ich meinem Bekannten vielleicht einmal den Rat geben sollte, dass man solche Geschichten eigentlich nicht erzählt, wenn man wenigstens in einem geringen Maß zur Selbstreflexion fähig ist (indem man sich zum Beispiel die Frage stellt, ob es einem eventuell schaden könnte, derartige Geschichten, in denen man selbst eine tragende Rolle spielt, überall herumzuerzählen), hat mich diese Erzählung geprägt. Seitdem achte ich nämlich auf verräterische Anzeichen, wenn sich Handwerker in meiner Wohnung aufhalten. Entdecke ich irgendwelche Flecken auf deren Kleidung, laufen vor meinem inneren Auge die haarsträubendsten Bilder ab.

Ich stand noch immer mit Cristiano Rienzner in ein angeregtes Gespräch vertieft vor seinem Geschäft am Oranienplatz. Als er kurz verschwand, um neuen Wein zu holen, sah ich die Oranienstraße hinunter, dachte an den symbolischen Wert gewisser Handlungen und an einen Freund, der nicht weit entfernt wohnte und in regelmäßigen Abständen ein Ritual praktizierte, das man als außerordentlich symbolische Geste bezeichnen kann. Er vertraute mir an, dass er, wenn er Privatpartys besuchte, die ihm nicht gefielen, kurz bevor er diese verließ noch einmal auf der Toilette verschwand und dem Gastgeber in die Badewanne kackte. Symbolträchtiger geht es wohl nicht.

Rienzner kehrte zurück und reichte mir ein neues Glas Wein. Wir stießen an. Ich trank einen Schluck und stellte mir noch einmal vor, wie das Enfant terrible der deutschen Kochszene dem Kollegen vom Bodenbau einfach mal ganz unvermittelt eine reinschlägt.

Cristiano Rienzners Perspektiven sehen glänzend aus. Kürzlich erhielt er einen Anruf aus dem Kanzleramt. Auf persönlichen Wunsch der Kanzlerin soll er das Catering auf einem größeren Empfang mit seinen Kreationen ausrichten. Es geht also aufwärts.

Demnach ist von Rienzner noch einiges zu erwarten. In jeglicher Hinsicht.

DAS CELEBRITY-GESICHT

Es ist wieder einmal passiert: RTL hat Scheiße gebaut. Geradezu fassungslos berichtete mir mein Kollege Erik am Freitag, dass eine Doppelfolge *Prison Break* zugunsten einer Doppelfolge *CSI* auf nur eine Folge reduziert wurde. Es gab wohl eine starke emotionale Bindung. Er sagte: «Mein *Prison Break*.» Er sagte es mit brüchiger Stimme, in einem Tonfall, als wäre vor kurzem ein Familienmitglied gestorben oder zumindest schwer erkrankt. Er wirkte, als würde er jeden Moment in Tränen ausbrechen. Er sagte: «*Prison Break* scheint in Deutschland keine guten Quoten zu haben.» Ich sah ihn verständnisvoll an. Ich versuchte sogar einen «Das wird schon wieder»-Blick – der mir ziemlich gut gelang, wie ich fand.

In solchen Momenten sehe ich Erik und seine Freundin in ihrem Wohnzimmer sitzen, vor sich die Fernsehzeitschrift mit dem Programm der kommenden Woche, in der Hand einen Textmarker, mit dem sie immer wieder Sendungen markieren. Ich sehe die beiden gewissermaßen ihre Wochenplanung machen. Ein erschreckendes Bild.

Dabei kann ich meinen Kollegen sogar verstehen. *Prison Break* soll ja der Serie *24* nicht unähnlich sein. Ich mag *24* und auch ihren Hauptdarsteller Kiefer Sutherland. Ich habe mir alle bisherigen *24*-Staffeln auf DVD gekauft. Also sagte ich, auch um die Situation ein wenig zu deeskalieren: «Kauf dir die

Staffel doch auf DVD.» Erik sah mich mit einem Blick an, als hätte ich ihm gerade vorgeschlagen, einen Nackt-Ausdruckstanzkurs für Fortgeschrittene zu belegen.

Dann sagte er mit der ihm so eigenen Nachdrücklichkeit: «Ick bin doch nich bescheuert. Ick koof mir doch keene Fernsehserie uff DVD.»

Offensichtlich hatte mein Kollege sein emotionales Gleichgewicht wiedergewonnen.

Wenn ich jetzt darüber nachdenke, ist es eigentlich folgerichtig, dass diese Serie bei RTL Schritt für Schritt abgesetzt wird. Sie passt nicht zum Sender.

RTL ist der Sender, mit dem ich in meinem Leben am wenigsten Zeit verbracht habe. Ein Sender, der mich zum Umschalten einlädt. Ein Sender, der immer irgendwie da ist, auf seinem Sendeplatz, so wie diese Leute, die immer auf den Geburtstagspartys sind, obwohl sie niemand eingeladen hat. Man wartet ab, wenn sie sich am Büfett etwas zu essen holen. Man meidet den Blickkontakt, um einem eventuellen Gespräch aus dem Weg zu gehen.

RTL war für mich nie ein – wenn man so will – cooler Sender. Er wirkt auf mich ein wenig behäbig. Es wird versucht, die Moderatoren zu Stars zu stilisieren, was jedoch nie gelingt. Zumindest fällt es mir schwer, sie als solche wahrzunehmen. Abgesehen natürlich von Günther Jauch. Aber der war schon vorher ein Star. Ich empfinde das Programm von RTL, als wäre es für eine Klientel vom Land gemacht. RTL wirkt auf mich immer ein wenig gewollt – und nicht wirklich gekonnt. Auf einem, sagen wir mal, zielgruppenkompatiblen Niveau. Ein Sender wie die CDU.

Allerdings war es eine Journalistin von RTL, die meiner Sicht auf die Dinge in gewisser Hinsicht einen neuen Aspekt gab. Wir kamen auf der Geburtstagsfeier eines Freundes ins Gespräch. Irgendwann sah sie mich auf diese gewisse Art an, diese Mischung aus prüfendem und abwägendem Blick. «Ist Ihnen eigentlich klar …?» Sie zögerte kurz, als suche sie nach passenderen Worten. Dann sagte sie: «Wissen Sie, dass Sie ein Celebrity-Gesicht haben?»

Ein Celebrity-Gesicht also. Das klang gar nicht schlecht. Allerdings war mir ehrlich gesagt nicht ganz klar, was ein Celebrity-Gesicht überhaupt ist.

«Menschen mit einem Celebrity-Gesicht erinnern an einen Prominenten, man weiß nur nicht, an wen», sagte sie mit einem bedeutsamen Unterton. Auf den ersten Blick erschien mir das als Kompliment, und so hatte sie es wohl auch gemeint.

Auf den zweiten Blick sieht die Sache schon ein wenig anders aus. Wenn ich die Frau richtig verstanden habe, überlegen Menschen, die mir begegnen, ob sie mich vielleicht irgendwoher kennen, können jedoch nicht zuordnen, woher. Sie wissen nur, dass dieses Gesicht einem Prominenten gehört. Einem A- oder B-Prominenten offensichtlich nicht, in diesem Fall wüssten sie ja, wer ich bin. Wohl eher jemand aus dem C-, D- oder E-Bereich. Demnach habe ich eine Art C-Prominenten-Allerweltsgesicht. Ein austauschbares, kein allzu nachhaltiges Gesicht.

Jetzt verstand ich auch, warum Günther Jauch, der mir vor einigen Monaten auf der Straße entgegenkam, mit einem erkennenden Nicken auf mich zutrat. Er hatte bereits die Hand gehoben, um sie mir zu reichen, als ihm mein etwas verständnisloses Gesicht verriet, dass er sich irrte. Er ging schnell an mir vorbei. Etwas Vergleichbares ist mir vor einiger Zeit auch mit Heike Makatsch im White Trash passiert, die ebenfalls lächelnd auf mich zutrat, sich dann aber abwandte, als ihr auffiel, dass sie mich verwechselte.

Leider bekamen das zwei meiner Bekannten mit, die aus Gründen, die mir bis heute nicht klar sind, irgendwie «nachziehen» wollten. Sebastian sagte ihr, dass «der Typ, mit dem du heute da bist, eine Zumutung» wäre. Zum allgemeinen Verständnis, er sprach über den Vater ihres Kindes. Richard riss ihr das Cocktailglas aus der Hand und leerte es vor ihren Augen. Dann reichte er ihr das leere Glas mit triumphierendem Blick. Beides Verhaltensweisen, die den Charakter der beiden auffallend treffend umreißen.

‹Willkommen im Club der Sympathieträger›, mochte Heike Makatsch gedacht haben. Zumindest ließ ihr Gesichtsausdruck darauf schließen.

Die Nebenerscheinung eines drittklassigen Celebrity-Gesichts ist es wohl, dass Frauen, die ich kennenlerne, häufig auffällt, wie sehr ich sie an ihre Exfreunde erinnere. Manchmal kommt es sogar vor, dass ich Frauen an alle ihre Exfreunde erinnere. Weil ich ja weiß, dass Selbstironie der beste Weg ist, sich auf charmante Weise unangreifbar zu machen, sage ich dann immer klug, dass mir das mit meinem Allerweltsgesicht öfter mal passiert.

Vor etwa einem Jahr lernte ich zwei Frauen namens Sarah und Jule auf einer Geburtstagsfeier kennen. Irgendwann sagte Sarah zu mir, dass sie und Jule gerade festgestellt hätten, dass ich sie beide an ihre Exfreunde erinnere. Ich deutete an, dass das vielleicht mit meinem Celebrity-Gesicht zusammenhängen könnte. Überraschenderweise wusste Sarah sofort Bescheid. Sie sah es wohl als ein ernstzunehmendes Argument. Und für mich auch als Chance. Als eine wertvolle Möglichkeit, schnell und elegant Frauen kennenzulernen.

«Das musst du nutzen!», betonte sie mit ernstem Gesichtsausdruck. Dann sagte sie es noch dreimal. «Das musst du nutzen.»

Ich bin mir allerdings nicht sicher, ob ich es nutzen möchte. Wäre ich an einer Frau ernsthaft interessiert, würde der Exfreund-Vergleich jeglicher Perspektive die Grundlage entziehen. Aus irgendeinem Grund habe ich Vorbehalte dagegen, das Interesse einer Frau zu wecken, weil ich sie an jemanden erinnere, in den sie einmal verliebt war. Zumindest erscheint es mir nicht unbedingt als eine allzu gesunde Basis für eine längerfristige Beziehung.

In der *«Gute Zeiten, Schlechte Zeiten»*-Rhetorik von RTL hätte es wahrscheinlich so geklungen: «Bei einem ersten Date gesteht Sarah Michael, dass sie ihn mag, weil er sie total an ihren Exfreund erinnert. Michael will erst verunsichert gehen, aber dann verbringen die beiden einen romantischen Abend miteinander. Doch das böse Erwachen kommt erst noch.»

INTERESSIERT SAH ICH MICH NACH FRAUEN UM

Am letzten Samstag sagte eine Frau, an deren Namen ich mich nicht mehr erinnern kann, einen, ja, man kann schon sagen, bemerkenswerten Satz. Sie sagte: «Die Ostdeutschen zeigen mehr Gefühle, aber sie verlangen auch etwas dafür.» Was immer sie damit sagen wollte. Philipp, der neben ihr stand, nickte interessiert, als würde er ihre Worte für eine erwägenswerte Theorie halten, einen nachvollziehbaren Gedankengang. Ich überlegte kurz, ob man ihre Worte überhaupt als Gedankengang bezeichnen konnte. Philipp schien über solche Überlegungen bereits hinaus zu sein.

Ihrem Auftreten und auch ihrem Make-up nach zu urteilen, hatte unsere Gesprächspartnerin einen «Wie wirke ich zehn Jahre jünger»-Artikel im falschen Schönheitsmagazin gelesen und wohl auch ein wenig zu sehr verinnerlicht. Ich senkte meinen Blick und betrachtete ein wenig hilflos die Kuss-Karte in meiner Hand. Scheiße! Ich war nun schon seit einigen Stunden auf dieser Party und hatte noch keine meiner Kuss-Karten verbraucht. Irgendetwas machte ich wohl falsch.

Halt. Moment mal. Kuss-Karten? Jetzt ist es wohl Zeit für einen harten Schnitt.

Ich gebe zu, dass ich den Einstieg ein wenig abrupt gewählt

habe. Insofern beginne ich wohl lieber an einem früheren Teil des Abends.

Am Samstag luden mich Martina und Philipp zu einer Party ein. Sie fand in Prenzlauer Berg statt. Es gab Kuss-Karten. Fünf Kuss-Karten für jeden. Der Gastgeber hieß Robert. Das Interessante daran ist, dass Martina und Philipp sich gar nicht kennen. Das passiert mir in letzter Zeit häufiger. Bekannte, die eigentlich nichts miteinander zu tun haben, laden mich zu der gleichen Feier ein. Für mich sind solche Abende immer ziemlich spannend. Abende, an denen sich die Bekanntenkreise mischen und Verbindungen zwischen Leuten, die bisher nichts miteinander zu tun zu haben schienen, sichtbar werden. An solchen Abenden macht man sich wieder einmal klar, wie klein die Welt ist, in der ich lebe. Ich mag solche Abende. Nein, diesen Satz muss ich korrigieren: Eigentlich mag ich solche Abende.

Als ich das Restaurant betrat, in dem die Feier stattfand, fiel mir auf, dass unser Gastgeber offensichtlich eine sehr ausgeprägte soziale Ader besaß. Er schien ein Mann der sozialen Verantwortung zu sein. Ein Mann, dem die Menschen in seinem Umfeld nicht egal sind. Und das war wohl auch der Grund für diese Party. Ich kann nicht genau sagen, in welchem Alter Robert ist. Allerdings zählen nicht wenige Frauen zu seinem Bekanntenkreis, die, wenn sie ein MySpace-Profil hätten, in der Rubrik «Hintergrund & Lifestyle» angeben würden: Alter: 39, Status: Single, Kinder: Irgendwann.

Mit dreißig gilt man ja bereits als Spätgebärende, insofern gibt es mit Ende dreißig eigentlich keinen allzu großen Spielraum für ein «Irgendwann». Der Druck erhöht sich. Und so verhielt sich auch ein Großteil der anwesenden Frauen. Und Robert – der Mann der sozialen Verantwortung – sprang für sie in die Bresche. Er hatte sich nämlich eine Art Gesellschaftsspiel für diesen Abend ausgedacht. Ein Spiel, das seinen Gästen helfen sollte, das Eis zu brechen. Die Regeln waren nicht schwer. Jeder Gast erhielt fünf Kuss-Karten. Man suchte sich jemanden aus, der einem gefiel, und gab ihm dann eine dieser Karten. Nahm derjenige die Karte an, durfte man ihn küssen. In dem erklärenden Text auf der Rückseite der Karten stand, dass es ein möglichst aufsehenerregender Kuss sein sollte. Man merkt schnell: Robert hatte seine Hausaufgaben gemacht.

Womöglich dachte er an diese dekadenten Sex-Partys in dem Stanley-Kubrick-Film *Eyes Wide Shut*. Vielleicht hoffte er, dass der Abend irgendwie ausarten würde. In eine hemmungslose Orgie. Eine Nacht, über die man noch lange sprechen würde. Eine Art urbane Legende. Man könnte dann mit diesem leicht weltmännischen Unterton sagen: «Ich bin dabei gewesen.» Allerdings sind Robert bei der Planung dieses *Eyes-Wide-Shut*-Abends einige Fehler unterlaufen, einige eklatante Besetzungsfehler.

Als ich an der Bar meinen Begrüßungscocktail bestellte, traf Philipp ein, der das ähnlich zu sehen schien. Was schon einiges zu sagen hat, wenn man Philipp kennt. Um das zu erläutern, muss ich ein wenig ausholen. Immer, wenn ich mit Philipp ausgehe, muss ich an den Schriftsteller Milan Kundera denken. Milan Kundera charakterisiert in seinem *Buch der lächerlichen Liebe* die Phasen der Vorgehensweise beim Kennenlernen einer Frau, «Registrage» und «Kontaktage». Begriffe, die ich lange nicht benutzt habe. Seit einigen Monaten benutze ich sie häufiger. Denn seit einigen Monaten kenne ich Philipp.

Ich muss zugeben, dass ich mich auf Partys in den meisten Fällen auf die Registrage beschränke. Philipp eher weniger. Und er ist auch in Dingen der Kontaktage eher der sportliche Typ. Philipp ist im Training. Mit anderen Worten: Mit ihm lernt man ungewöhnlich schnell Frauen kennen.

Ich muss vorwegnehmen, dass ich nicht unbedingt ein Freund der sogenannten «Tag-Team-Action» bin. Das wird mir von meinem Bekanntenkreis oft vorgeworfen. Aus irgendeinem Grund habe ich ein Problem damit, gemeinsam mit einem Bekannten zwei Frauen anzusprechen. Es sind ja auch oft sehr gezwungene Momente. Und häufig sind es auch «Ich nehme auch die Hässlichere»-Momente.

Seitdem ich Philipp kenne, ist das anders. Der Mann besitzt eine Gabe. Als ich ihn vor einigen Monaten auf einer Privatparty kennenlernte und im Laufe der Unterhaltung andeutete, dass eine ungewöhnlich hohe Anzahl attraktiver Frauen anwesend war, musterte mich Philipp aufmerksam. Er hatte plötzlich diesen «Wir gehen rein»-Blick. Die Situation erinnerte mich ein wenig an diese Szenen in Action-Filmen, in denen gut ausgerüstete SWAT-Teams kurz davor sind, ein Gebäude zu stürmen. Ohne Rücksicht auf Verluste.

Man sah es Philipp an: Der Mann hatte innerlich bereits durchgeladen. Dann gingen wir rein und waren innerhalb kürzester Zeit von vier Frauen umringt, die mir erzählten, was sie so beruflich machten. Das ist sein Talent. Das Bemerkenswerte ist die Leichtigkeit, mit der sich Philipp auf dem Parkett der Kontaktage bewegt. Wäre sie ein Theaterstück, wäre er der Prototyp des Protagonisten.

Auf dieser Party jedoch fehlte dieses «Wir gehen rein»-Funkeln in seinem Blick. Philipp wirkte eher ein wenig nervös. Er war hier ja in gewisser Weise auf Entzug. Womöglich war er generell nicht an einer «Ich nehme auch die Hässlichere»-Situation interessiert. Vielleicht auch darum, weil man sich auf dieser Feier eher auf eine «Ich nehme auch die Ältere»-Situation einstellen musste.

Irgendwann sprach uns eine Frau an, von der ich anfangs annahm, sie würde Philipp kennen, obwohl sie schon rein äußerlich nicht wirklich zu ihm passte. Zu blond. Zu braungebrannt. Sie redete viel. Wir hörten schweigend zu. Vielleicht weil es zu dem, was sie erzählte, nicht wirklich viel zu sagen gab.

Ich senkte meinen Blick und betrachtete meine Kuss-Karte. Unsere Gesprächspartnerin wirkte, als habe sie ihre Kuss-Karten für diesen Abend bereits verbraucht. Und wenn man sie reden hörte, schien das nicht nur in Bezug auf diesen Abend der Fall zu sein. Als sie auf der Toilette verschwand, fragte mich Philipp fassungslos, ob ich sie kennen würde. Ich verneinte. Wir gingen schnell zur Bar und bestellten neue Drinks. Es war gewissermaßen eine Flucht. Dann wurde die erste Jägermeister-Runde ausgegeben. Es sollte nicht die letzte gewesen sein.

Einige Stunden später, auf dem Weg zu den Toiletten, sah ich mich leicht schwankend noch einmal sehr interessiert nach Frauen um.

Ich hatte wohl ein bisschen zu viel getrunken.

EIN VERANTWORTUNGS-LOSER MENSCH

Es gibt ja verschiedene Wege, Menschen zu beurteilen. Meine ehemalige Kollegin Claudia zum Beispiel erzählte mir einmal, dass sie, wenn sie das erste Mal bei Bekannten zu Gast sei, erst einmal das Badezimmer aufsuche, um den Inhalt des Medizinschrankes in Augenschein zu nehmen und von ihm gewissermaßen auf den wahren Charakter des Gastgebers zu schließen.

«Um einen Menschen besser beurteilen zu können, gibt es nichts Aussagekräftigeres als den Inhalt seines Medizinschrankes», erläuterte sie. Das ist wahrscheinlich gar kein schlechter Ansatz. Denn zugegebenermaßen verbinde ich die Vorstellung, jemand stöbere in meinem Badezimmer und in meinen Medikamenten herum, schon mit dem leicht unangenehmen Gefühl, jemand dringe in meine Privatsphäre ein. So gesehen scheint an ihrer Herangehensweise durchaus etwas dran zu sein.

Leider habe ich mir die Schlüsse, die man aus den verschiedenen Medikamenten auf den Charakter eines Menschen ziehen kann, nicht näher erläutern lassen. Denn mich beschäftigte in diesem Moment ein ganz anderes Problem. Ich besaß nämlich keinen Medizinschrank. Als ich Claudia fragte, wie – natürlich rein hypothetisch – jemand einzuschätzen wäre, der keine Medikamente im Haus habe, sah sie mich entsetzt an.

Mit einem ungläubigen Gesichtsausdruck, als müsste sie sich erst einmal mit einem sehr abwegigen Gedanken anfreunden. Sie brauchte wirklich einige Momente, um sich zu sammeln. Dann sagte sie entschieden: «Ein solcher Mensch ist ein sehr verantwortungsloser Mensch.»

Die Entscheidung war gefallen. Und ich fühlte mich nicht unbedingt gut dabei.

Claudia sehe ich inzwischen nur noch selten, aber gerade in letzter Zeit denke ich doch häufiger an sie. Denn momentan geht wieder mal ein Virus um. Magen-Darm-Grippe. Alle sind krank. Und alle reden darüber. Ich selbst unterhalte mich ungern über Krankheiten. Ich kann da nicht mitreden. Krankheiten sind irgendwie kein Thema für mich. Ich empfinde sie eher als ein Rentner-Thema.

Seit kurzem sind meine Eltern Rentner. Meine Mutter sagte vor einigen Monaten zu mir, dass sie Angst davor habe, als Rentner irgendwann an einen Punkt zu gelangen, an dem nur noch über Krankheiten und das Essen geredet wird. Dann hätte sie das Gefühl, angekommen zu sein. An einem Punkt, für den sie sich eigentlich noch viel zu jung fühlt.

Seitdem sie Rentner sind, reisen meine Eltern viel. So viel, dass ich inzwischen nicht mehr mitkomme. Ich bringe die exotisch klingenden Namen ihrer Reiseziele ständig durcheinander. Wir sehen uns seltener. Meine Eltern bleiben in Bewegung. Und wenn man in Bewegung bleibt, hat man vielleicht nicht so schnell das Gefühl, angekommen zu sein.

Vermutlich rede ich auch ungern über Krankheiten, weil ich einfach selten krank bin. Abgesehen von einer Ausnahme hatte ich meine beiden letzten ernsthaften Erkrankungen während meiner letzten beiden Beziehungen. Eine Grippe pro Beziehung. Ich habe es beide Male kommen sehen. Trotzdem habe ich nicht ausweichen können. In beiden Fällen hatte ich keine Chance.

Es ist nämlich sehr schwierig, möglichst vorsichtig seiner kranken Freundin zu sagen, dass es vielleicht besser wäre, wenn man die Nacht nicht im gemeinsamen Bett verbringt, weil man sich ja anstecken könnte. Eventuell.

Man kann natürlich vorschlagen, dass man doch auf dem Sofa schlafen könnte. Zumindest für eine Nacht. Ein solcher Vorschlag ist aber ein Fehler. Oder, um es ein wenig situationsbedingter zu formulieren, eine Diskussionsgrundlage. Meine Argumente in diesen Gesprächen waren offenbar nie überzeugend genug. Hinzu kam, dass ich mit meinem Vorschlag auch in gewisser Weise unsere Beziehung in Frage zu stellen schien. Bevor dann die schweren Geschütze aufgefahren wurden, gab ich auf. Ich überlegte kurz, mir in einem Baumarkt eine dieser Staubmasken zu besorgen, um mich nicht anzustecken. Vielleicht hätte es geholfen. Aber das wäre sicherlich auch nicht so gut angekommen. Also verbrachte ich die Nacht nicht auf dem Sofa. Den Rest kennen wir.

Als ich kürzlich mit einem Bekannten darüber sprach, der bereits seit acht Jahren mit seiner Freundin zusammenlebt, erläuterte er mir, dass ich nicht in meiner Argumentation einen Fehler gemacht hätte, nein, mein gesamter Ansatz wäre falsch.

«Man darf nicht auf Distanz gehen, man muss über sie wachen, sie pflegen, die ganze Nacht. In der Grenzsituation einer schweren Grippe lernt man sie ja auch von einer neuen Seite und somit auch besser kennen. Eine neue Facette ihrer Persönlichkeit. So gesehen kann man eine solche Situation sogar als Geschenk betrachten. Abgesehen davon hat es natürlich auch etwas mit Verantwortungsbewusstsein zu tun.»

Oh? Verantwortungsbewusstsein. Das Killer-Argument war gefallen.

Ich begriff, dass mir in zwischenmenschlicher Hinsicht offenbar noch immer ein gewisser Grad an innerer Reife fehlt. Ein gewisser Überblick. Ich bin wohl ein verantwortungsloserer Mensch, als ich bisher angenommen hatte. Insofern lag Claudia – so ungern ich es auch zugebe – mit ihrer Medizinschrank-Prognose nicht unbedingt falsch.

Inzwischen besitze ich zwar noch immer keinen Medizinschrank, seit einiger Zeit nehme ich jedoch Vitamin-C/Zink-Kapseln, um mein Immunsystem zu stärken. Es ist eine Präventivmaßnahme. Ich nehme sie jeden Morgen. Hin und wieder denke ich an Claudia und frage mich: Wie tief lässt mein täglicher Vitamin-C/Zink-Kapsel-Konsum blicken, wenn man ihn unter psychoanalytischen Gesichtspunkten betrachtet?

Ich glaube, ich möchte es gar nicht wissen.

VERBRANNTE ERDE

Es gibt Situationen, in denen man seine Worte mit Bedacht wählen sollte. Mir gelingt es nicht immer.

Gut gelingt es mir zum Beispiel in Situationen, in denen ich Menschen kennenlerne, die ich eigentlich gar nicht kennenlernen möchte. Das passiert mir hin und wieder auf Partys, auf denen mich ehrgeizige Gastgeber Leuten vorstellen, die ihrer Ansicht nach gut zu mir passen. Als ich noch in Köln lebte, waren es vornehmlich Leute, die ebenfalls in Ost-Berlin aufgewachsen waren. Wir waren sozusagen die Quoten-Ossis. Die Exoten. Die würden sich schon gut verstehen. Nun ja.

Seitdem ich wieder in Berlin lebe, werden mir fortwährend Leute vorgestellt, die in der gleichen Branche wie ich arbeiten. Da ich in meiner Freizeit eher ungern über die Arbeit spreche und sich die Leute, die ich auf diesem Weg kennenlerne, nahezu ausschließlich über ihre Arbeit zu definieren scheinen, sind solche Unterhaltungen für mich immer ein wenig quälend. Es ist jedoch nicht unbedingt meine Art, die freundschaftliche Begrüßung «Hallo, ich bin der Thomas» mit den Worten «Angenehm, mein Name ist Herr Nast» zu erwidern. Ich bin eher der Typ, der einen interessierten Blick aufsetzt und versucht, zu seinen Ausführungen an den richtigen Stellen zu lachen und zu nicken.

Seitdem ich diese Kolumnen schreibe, hat sich meine Einstellung zu solchen Leuten allerdings verschoben. Ich sehe es inzwischen ähnlich, wie Heiner Müller es gesehen hat: Sie bieten verwendbaren Stoff für meine Texte. Insofern gelingt es mir in meinen Texten nicht immer, meine Worte mit Bedacht zu wählen.

Inzwischen kann ich auch die Art nachvollziehen, mit der einer meiner Bekannten, der Journalist ist, Gespräche führt. Auch er ist sozusagen auf Materialsuche. Wenn man sich mit ihm unterhält, kommt man sich ein wenig vor, als wäre man zu Gast in der Sendung *Nur die Liebe zählt.* Einer Sendung, in die ja auch Menschen eingeladen werden, die ihren krebskranken Ehepartner auf einem schmerzvollen Weg bis zu seinem Tod begleitet haben. Menschen, die in Tränen aufgelöst auf diesem herzförmigen Sofa sitzen, während Kai Pflaume mit betroffenem Gesicht immer wieder nachfragt, wie es denn nun ganz genau gewesen sei. Mit seinen Fragen dreht Pflaume praktisch das Messer in der Wunde noch einmal herum. Damit sie sich nicht schließt. Tja. Tränen sind gut für die Quote. Auch bei einer Sendung namens *Nur die Liebe zählt.*

So schlimm ist es bei mir Gott sei Dank nicht. Ich beobachte. Ich achte auf Kleinigkeiten. Kleinigkeiten wie zum Beispiel die Art, in der sich Menschen begrüßen. Kürzlich war ich mit meinem Freund Manuel verabredet. Er verspätete sich ein wenig, wie es so seine Art ist. Ich wartete vor einem Geschäft in der Rosa-Luxemburg-Straße, in dessen Schaufenstern schwarze Kleidung ausgestellt war, die ziemlich teuer aussah. Aus dem Geschäft trat ein schwarz gekleideter Mann und ging zu seinem schwarzen BMW, der vor dem Geschäft in der zweiten Reihe parkte. Alles war ruhig. Dann passierte es. Es begann mit einem ziemlich lauten Lachen, das mich ein wenig zusammenzucken ließ. Es war das Lachen einer Frau, die gerade die Straße hinunterging. Die beiden schienen sich zu kennen, denn jetzt begann auch der Mann ziemlich laut zu lachen.

«Hahahaha, schön, dich zu sehen.»

«Aaah, wie geht es dir, hahahaha.»

«Aaaaaah, phantastisch, hahahahahaha.»

Es irritierte mich ein wenig. Vor allem wohl auch darum, weil die beiden offensichtlich nicht mehr in der Lage waren aufzuhören. Als hätte jemand einen Schalter umgelegt. Vielleicht war es eine Art Code. Ich überlegte kurz, ob die beiden vielleicht geistig behindert wären. Ich sah mich schnell nach eventuellen Begleitpersonen um. Begleitpersonen, die mir mit beruhigenden Blicken zu verstehen geben würden, dass alles unter Kontrolle war. Aber da war niemand.

Irgendwann fragte die Frau, ob ein gewisser Adrian, offenbar der Besitzer des Geschäfts, noch im Laden wäre. Der Mann bejahte. Sie lachten sich noch ein oder zwei Minuten an. Dann verschwand die Frau in dem Geschäft. Der Mann setzte sich in seinen BMW und fuhr davon. Es war wieder ruhig in Berlin-Mitte. Ich sah dem davonfahrenden Wagen nach. Letztendlich sollte die Begrüßung der beiden wohl herzlich wirken. Aber irgendetwas war da schiefgegangen. Vielleicht wollten sie möglichst lebensfroh wirken. Und zwar auf eine Art, mit der sie die Aufmerksamkeit möglichst vieler Menschen auf sich lenken. Vielleicht treffen sich die beiden hin und wieder im privaten Rahmen, um diese euphorischen Begrüßungen zu üben. Wahrscheinlich ist auch Adrian dabei, gewissermaßen als Jury.

Als Manuel endlich eintraf, machten wir uns auf den Weg zu einer Vernissage. Es war die Vernissage eines Bekannten.

Manuels Bekannter ist Maler. Die Ausstellung trug den Namen «Im Säuremantel», ein Arbeitstitel, der mich schon ahnen ließ, was da auf mich zukam. Vor der Galerie trafen wir eine Arbeitskollegin von Manuel. Sie hieß Natalie. Manuel stellte uns einander vor. Er sagte: «Das ist Natalie.» Dann wies er auf mich und sagte: «Und das ist Michael Nast.»

Ich warf ihm einen leicht irritierten Blick zu. Und auch in Natalies Blick mischte sich ein leichtes Erstaunen. Es schien Manuel jedoch nicht aufgefallen zu sein, mich so förmlich mit Vor- und Zunamen vorgestellt zu haben, also achtete ich nicht weiter darauf. Zumindest vorerst. Seit diesem Abend kommt diese Art des Vorstellens allerdings häufiger vor. Wenn nicht sogar ausschließlich. Manuel wird wohl seine Gründe haben. Womöglich versteht er es als Warnung. Vielleicht will er unterschwellig mitteilen: «Liebe Natalie, es ist besser, wenn du jetzt aufpasst, was du sagst. Es könnte eventuell verwendet werden.»

Ich gebe zu, dass Manuel das schon richtig einschätzt. Es *kann* eventuell verwendet werden. Und das hat natürlich Konsequenzen.

Ein Freund, der in dem gleichen Fitnessstudio Mitglied ist, das auch Wayne Carpendale besucht, hat in gewisser Weise eine Paranoia entwickelt. Er hat den Eindruck, Wayne (der in dem Text «Die Nacht der Nächte» auftaucht) sehe ihn hin und wieder mit einem Blick an, als wüsste er, zu wessen Bekanntenkreis mein Freund zählt. Abgesehen davon zieht Waynes Frisur (die ebenfalls in dem Text thematisiert wird) seine Blicke geradezu magisch an. Er muss immer wieder hinsehen. Er kann sich beim Training nicht mehr konzentrieren.

Mein Bekannter Patrick, der in dem gleichen Text eine, nennen wir es mal tragende Rolle spielt, geht bewundernswert genügsam mit den Texten, in denen ich ihn beschreibe oder zitiere, um. Anders als die vier Frauen, von denen dieser Text ebenfalls handelt. Einige Tage nach dem Erscheinen von «Die Nacht der Nächte» rief mich Patrick an. Er begann das Gespräch mit den Worten: «Du machst mein Privatleben gerade ziemlich kompliziert.»

Die Frauen hatten den Text gelesen. Und da Patrick inzwischen mit einer von ihnen liiert war, entlud sich ihre Entrüstung vorrangig in seine Richtung. Es begann mit einem dreistündigen Handy-Telefonat. Patrick benötigte einige Tage, um die Lage zu deeskalieren. Auch weil ich ihn in dem Text mit den Worten zitierte, er sei bei seiner neuen Freundin bisher noch nicht «zum Vollzug» gekommen. Kein allzu günstiger Beginn für eine Beziehung. Patrick erzählte mir auch, dass ich den Frauen an dem beschriebenen Abend im Grunde genommen nicht unsympathisch war. Das hat sich inzwischen natürlich grundlegend geändert. Patrick erwähnte, dass sie ihre solariumgebräunten Bodybuilder-Freunde in Bezug auf mich bereits instruiert hätten. Ich bin mir nicht sicher, ob das ein Scherz war.

Ich sah Patrick nur noch selten. Wenn es doch einmal dazu kam, dass er eine meiner Lesungen besuchte, sagte er seiner Freundin, er ginge auf eine Party, auf der ich ebenfalls sein würde. Und da ich ja gewissermaßen als das große Feindbild ihrer Beziehung zu sehen war, war er damit auf der sicheren Seite. Sie würde ihn nicht begleiten. Einmal ging das jedoch nach hinten los, denn auf einer Lesung, die ich im letzten Sommer in Berlin gab, waren zufälligerweise auch Arbeitskollegen von Patricks Freundin anwesend. Sie ist bei einer gesetzlichen Krankenversicherung angestellt. Ich kenne mich natürlich im Arbeitsalltag einer gesetzlichen Krankenkasse nicht so gut aus, aber ich kann mir ganz gut vorstellen, dass dort nicht allzu viel Aufsehenerregendes passiert. Es kann schnell langweilig werden. Allerdings war diese Langeweile ja nun vorbei, denn die Kollegen von Patricks Freundin hatten Gesprächsstoff für die nächsten Wochen. Und wenn ich Patrick richtig verstanden habe, traf das auf seine Beziehung ebenfalls zu.

«Es ist mir vollkommen unverständlich, wie man diese Transferleistung hinbekommen kann», beschrieb er mir schon ziemlich verzweifelt seine gerade sehr angespannte private Situation. Dann sagte er noch einmal diesen Satz, der inzwischen zu einer tragischen Konstante unserer Unterhaltungen geworden war: «Michael, du machst mein Privatleben gerade ziemlich kompliziert.»

Kompliziert ist es allerdings auch für mich geworden, beispielsweise in Bezug auf Frauen. Sie sind vorsichtiger geworden. Wenn ich mich mit Frauen treffe, gibt es ebenfalls eine Konstante. Sie ist häufig eine der einleitenden Bemerkungen unserer Treffen, der Hinweis, dass sie unter keinen Umständen in meinen Texten auftauchen wollen. Ich versichere dann natürlich schlau, dass das unter keinen Umständen passieren wird. Hin und wieder kommt es allerdings doch mal vor. Und auch das kann Konsequenzen haben.

Zwei Tage nachdem der Text «Gerade aufgewacht – bei Sandy in der neunten Etage» erschienen war, in dem ich mich ein wenig provokant über meine Erfahrungen mit alleinerziehenden Müttern geäußert habe, erhielt ich gegen 18 Uhr einen

Anruf von einer mir unbekannten Frau. Sie erkundigte sich nach dem Kinderwagen, den ich verkaufen wollte. Sie hatte sich offensichtlich verwählt. Ich hatte keinen Kinderwagen zu verkaufen. Sie entschuldigte sich höflich, rief mich allerdings zwanzig Sekunden darauf wieder an. Wir stellten schnell fest, das sie sich nicht verwählt hatte. Keine der zweiunddreißig Frauen, die mich im Laufe des Abends noch anrufen sollten, hatte sich verwählt.

Jemand hatte auf der Website «kijiji» eine Anzeige aufgegeben, in der ein Kinderwagen der Firma Teutonia «aus persönlichen Gründen schnell abzugeben» war, Modell Elegance, «nie gebraucht», zu einem Verkaufspreis: 55 Euro. Man muss dazu wissen, dass der Listenpreis dieses Modells eigentlich bei 723 Euro liegt. Man spart also 668 Euro. Günstiger geht es nicht. Da ruft man auch gern mal ab 21 Uhr an, wie es ja auch in dem kurzen Text unter Produktbeschreibung zu lesen war.

Als ich mir die Anzeige dann ansah und sie auch mit anderen Anzeigen verglich, die auf dem Portal aufgegeben wurden, stellte ich fest, dass sie sich in einem nicht unwesentlichen Punkt von den anderen unterschied. Es war die einzige Anzeige, die ich finden konnte, in der eine Telefonnummer angegeben wurde. *Meine* Telefonnummer. Sie war in sehr großen Ziffern unter der Produktbeschreibung zu finden. Der Anbieter lebte – wie ja auch ich – in Berlin, interessanterweise sogar im selben Stadtbezirk. Die Anzeige wurde zwei Tage nach dem Erscheinen meines Textes aufgegeben. Das waren für meine Begriffe dann doch einige Zufälle zu viel. Mir wurde schnell klar, dass die Anzeige von einer der Mütter aufgegeben worden war, die ich in meinem Text zitiert habe.

Andere hätten jetzt vielleicht ungehalten reagiert. Ich war nicht ungehalten. Ich fand ihre Reaktion auf den Text eher originell und auch ziemlich durchdacht. Die Frauen, die mich – also jemanden, der «aus persönlichen Gründen» einen 700-Euro-Kinderwagen für 55 Euro «schnell» abzugeben hatte – anriefen, waren ja ausnahmslos Mütter. Insofern konfrontierte mich diese Anzeige praktisch einen Abend lang mit dem Thema, über das ich mich in meinem Text geäußert hatte. Ab 21 Uhr.

Es ist inzwischen bereits ein geflügeltes Wort in meinem Bekanntenkreis, dass ich eine «bluttriefende Schneise der Verwüstung» durch mein soziales Leben ziehe. Ich hinterlasse verbrannte Erde. Mein Bekanntenkreis ist vorsichtiger geworden. Man überlegt inzwischen, was man mir eigentlich noch erzählen kann. Eine meiner Exfreundinnen hasst mich, nachdem sie in einem meiner Texte beschrieben wurde, meine beste Freundin kündigte mir in einer E-Mail mit den Worten «Ich habe beschlossen, nicht mehr mit dir befreundet zu sein» für ein halbes Jahr die Freundschaft, und einige Bekannte, die ich in meinen Texten zitiert habe, reden inzwischen nicht mehr mit mir. Nun ja, zumindest benutze ich inzwischen keine Klarnamen mehr.

Es hat natürlich seinen Preis, Menschen anhand eines Abends oder einiger Zitate zu charakterisieren. Man kann schnell missverstanden werden. Man kann schnell als arrogant und auch oberflächlich bezeichnet werden. Manchmal wird man auch gehasst. Dann versucht man, seine Worte mit Bedacht zu wählen.

Mir gelingt es nicht immer.

Dank

Die Texte dieses Buches entstanden in der Zeit zwischen Juli 2007 und Juli 2009. In diesen zwei Jahren gaben mir nicht wenige Menschen Anlass, in diesem Text erwähnt zu werden.

Ich möchte meinem Mitleser und Freund Oliver Korittke danken, der mich, seitdem wir uns vor einigen Jahren an einem Frühlingsmorgen gegen neun Uhr in der Panorama Bar kennenlernten, in vielerlei Hinsicht unterstützt hat. Danke.

Vielen Dank an den Rowohlt Verlag, insbesondere Barbara Laugwitz und Julia Suchorski.

Außerdem gilt mein Dank (in alphabetischer Reihenfolge, um eventuelle Missverständnisse einer hierarchischen Auflistung zu umgehen): Andreas Bade, Michael und Hans Brexendorff, Sven Dittgen, Boris Enenkel, Ansgar Gädke, Andreas Gindullis, Torsten Goltz, Manuela Gwozdz, René Hausmann, Till Kahnt, Johannes Kuhl, Alexander Osang, Matthias Pfaff, Silvio Plaasch, Cristiano Rienzner, Philipp Rings, Martina Schröder, Linn Schumacher, Elmar Schütze, Ansa Seidenstücker, Christoph Urban, Axel Wendt und Maxi Wolf.

Besonderen Dank schulde ich natürlich auch all jenen, die mich zu den Figuren meiner Texte inspiriert haben. Denen, die damit umgehen konnten, vor allem aber auch denen, die erhebliche Schwierigkeiten bei dem Gedanken hatten, sich in ihnen porträtiert zu sehen. Obwohl die überhöhte Zeichnung dieser Figuren natürlich in den meisten Fällen meiner Phantasie entsprungen ist.

Den größten Dank schulde ich meiner Familie.